Gewidmet:

Meiner lieben Ehefrau Ursula
In Erinnerung an meine Eltern Horst und Rosel
Börngen in Halle/Saale
Dem Bund für Freies Christentum,
als (inter-) religiöses Leuchtfeuer in unserer Welt

Wort der Freiheit und Hoffnung:
Von Richard von Weizsäcker, Altbundespräsident,
zur Frage: ‚Was jetzt dringlich ist',
aus ‚Anmerkungen und Kommentare'
zu „Appell aus Baden" , Mai 2006:

„Im Vordergrund steht nach meiner Überzeugung, uns mit ganzer Kraft der Ökumene der Religionen zuzuwenden."

Ulrich Börngen

Gemeinsam unterwegs zu einer Ökumene der Weltreligionen

Rückblick
auf 12 Gebetsstunden der Religionen für den Frieden
in Stuttgart und Erfurt

Books on Demand Norderstedt

© 2007
Dr. med. habil. Ulrich Börngen
E-Mail: <u>ulboe.stgt@web.de</u>

Siehe auch: <u>www.igfstuttgart.de</u>

Herstellung und Verlag: Books on Demand GmbH, Norderstedt
Printed in Germany
ISBN 978-3-8370-0746-6

Gefördert vom Bund für Freies Christentum e.V.

Bibliografische Information der Deutschen Nationalbibliothek:
Die deutsche Nationalbibliothek verzeichnet diese Publikation in der Deutschen Nationalbiografie; detaillierte bibliografische Daten sind im Internet über <u>http://dnb.d-nb.de</u> abrufbar.

Gemeinsam unterwegs zu einer Ökumene der Weltreligionen
Rückblick auf **12 Gebetsstunden der Religionen**
für den Frieden in Stuttgart und Erfurt

Inhaltsverzeichnis: Seite

Vorwort   9

1. 1990   Kreuzkirche Stuttgart   15

2. 1991   Kapelle Augustinerkloster Erfurt   25

3. 1994   Hospitalkirche Stuttgart: Weltethos   31

4. 1996   Hospitalkirche: Ökumene der Weltreligionen   41

5. 1997   Domkirche St. Eberhard: Geschwisterlichkeit –
              Alle Menschen sind Bild Gottes   57

6. 1998   Moschee der Islamischen Union: Wie geben
              wir unseren Glauben weiter?   63

7. 1999   Deutscher Evangelischer Kirchentag Stuttgart
              Cannstatter Wasen, Zelt 3 : Religionen – Salz der
              Erde   71

8. 2001   Matthäuskirche: Leben statt viel haben   87

9. 2003   Leonhardskirche: Mystik – ein Pfad zum Ewigen   105

10. 2004 Hospitalkirche: Alexandriaerklärung – Ein Weg
              zum Frieden nicht nur im Nahen Osten   125

11. 2005 Feuerbacher Moschee, DITIB, Stuttgart: Wie gehen
              Religionen mit Natur und Naturkatastrophen um?   137

12. 2006 Leonhardskirche: Zentrale Gebete der Religionen
              und ihre Weitergabe an die Jugend   149

Literaturverzeichnis   163

Epilog   169

Vorwort

Alle Beiträge wurden aus den Handzetteln der jeweiligen Gebets-stunde entnommen. Die traditionellen ganzseitigen Titelblattmoti-ve wurden nur exemplarisch wiedergegeben. Verschiedentlich wurden erwähnenswerte Pressemitteilungen und bemerkenswerte Kommentare hinzugefügt. Redaktionell erfolgten nur geringfügige Sprachanpassungen und Kürzungen, ganz vereinzelt eine leichte Auswahl, insbesondere bei Dopplungen. Regelmäßig wurden er-mittelbare Quellenangaben vermerkt. Wo eine solche unvollstän-dig war oder fehlte, konnte dies leider nicht vervollständigt wer-den. Soweit Themen bei den Gebetsstunden angegeben wurden (1994-2006), handelt es sich fast ausschließlich um Jahresthemen.

Zuerst sei an dieser Stelle nochmals den Mitgliedern aller beteilig-ten Religionen aus unserer Gruppe ganz herzlich Dank gesagt. Sie haben sich in treuer interreligiöser Zusammenarbeit über viele Jahre aktiv bei unseren Gebetsstunden eingebracht und bei unse-ren monatlichen Treffen die jeweiligen Jahresthemen inhaltlich aufgearbeitet. Es handelt sich insbesondere um Frau Hedwig Lauckner (Buddhismus), Herrn Yoganathan Putra und seine gan-ze Familie (Hinduismus, Sri Sitti Vinayagar Temple VR 7203, Stuttgart), das Ehepaar Jan und Ina Jakubowski (Judentum), das Ehepaar Cäcilia Schmitt/Demir und Ali Demir (Islam, Stuttgarter Stiftung für Wissenschaft und Religion), Frau Sigrid Barz (Ba-há'i), Frau Kingka Gyökössy-Rudersdorf (evangelisch), Herrn Julian Clarke (Quäker) und Frau Dorothea Prahl sowie zeitweilig auch Herrn Hermann Benz (römisch-katholisch). Die Aufarbei-tung erfolgte nicht nur als sogenannte narrative Bearbeitung im Sinne einer Theologie von unten, die auf den gesellschaftlich-religiösen Alltag und auf praktische Lebensfragen unserer ge-meinsamen irdischen Wanderschaft ausgerichtet war. Sie erfolgte durchaus auch durch Thematisierung zentraler interreligiöser Glaubensfragen und durch kompetente theologische Beiträge. Hier sollen besonders hochinformative wissenschaftliche Veröf-fentlichungen erwähnt werden, die von muslimischer Seite erstellt und uns zugängig gemacht wurden (Literatur Schmitt und Demir),

9

und auch verschiedene hinduistische Schriften, die zu angesprochenen Themen verfaßt wurden. Dabei wurden nie kritische Fragen, auch Fragen nach der Wahrheit des Glaubens, die alle Religionen betreffen, ausgespart. Insofern entbehren christliches Verständnis in Richtung „naive Ökumene", „Verwässerung des eigenen Glaubens", „farblose Allerweltsreligion" oder „Blauäugigkeit" jeder Grundlage.

Vielmehr war für uns evangelisch-protestantisch die Vision von Dietrich Bonhoeffer wegweisend, wie sie uns in ‚Nachfolge' (1937/1940) auf den Weg gegeben wurde: Nicht nur „liebet eure Feinde", sondern tut christlich „das ‚Sonderliche' … das Außerordentliche … das Nichtselbstverständliche". Im übrigen fühlen wir uns auch stark motiviert durch zwei außergewöhnliche prophetische Zeugen im Dienste einer universal verstandenen „Größeren Ökumene", wodurch das „Mysterium des Göttlichen" genuin-jesuanisch im Sinne einer kosmischen Humanitas Leben finden könnte. Gott selbst möge schenken, daß sie durch heutige Theologie mehr Beachtung erfahren, da sie für alle religiösen Menschen wegweisend sein dürften. Es handelt sich um den europäischen evangelisch-katholischen Pionier der Religionswissenschaften, Friedrich Heiler (Lit. 35, 36 und 38), und um den bedeutenden römisch-katholischen Theologen, Romano Guardini (Die Kirche … „betet für alle und mit allen") (Lit. 33). Zutiefst verbunden fühlen wir uns auch mit dem ostasiatischen Prinzip Sansaeng – Zusammenleben, statt Sangkuk – gegenseitige Unverträglichkeit (Mee-Hyung Chung, Lit. 70) und der afrikanischen Versöhnungstheologie Ubuntu (Desmond M. Tutu, Lit. 71).

So entwickelte sich unsere jahrelange vielfältige Zusammenarbeit als verheißungsvolles kleines Senfkorn und gesegnet sowie ermutigend „für das Miteinander und das Gespräch zwischen den Religionen" mit ganz sicher über den lokalen Rahmen hinausstrahlender Wirkung. Konkret empfinden wir es z.B. als wertvoll, daß in der Regel die vielfältigen Jahresthemen, die Entscheidung, für wen die Kollekten bestimmt sind, und verschiedenste Stellungnahmen zu aktuellen Fragen stets gemeinsam mit allen beteiligten

Religionen festgelegt werden konnten. Mancherlei externe Widerstände und vielfältiges Desinteresse von Seiten der Presse haben unsere ehrenamtliche Tätigkeit nicht ernsthaft beschädigen oder zum Erliegen bringen können.

Als Höhepunkte einer konvivialen spirituellen Gemeinschaft empfinden wir das Ökumenische Friedensgebet 1996, (S. 51), das Jugendgebet 2003 (S. 119), das abrahamische Gebet 2006 (S. 152) und das tansanische Gebet 2006 (S. 161). So verstehen wir allerdings unter Konvivenz Hilfsgemeinschaft, Lerngemeinschaft, Festgemeinschaft und spirituelle Gemeinschaft, wie wir es 1998 (S.65 und 66) ausführen konnten.

Schließlich sind wir zu ganz großem Dank verpflichtet all denen, die sich des weiteren an den Gebetsstunden aktiv beteiligt haben:
Bischöfin Maria Jepsen, Hamburg, evangelisch
Vorsitzender der Jüdischen Landesgemeinde Thüringen, Rabbiner Scharf-Katz
Oberrabbiner Dr. H. Friedlander, London
Dr. J. Barta, MA, Rabbiner, Stuttgart
Meinhard Tenné, langjähriger Vorstandssprecher der Israelitischen Religionsgemeinschaft Stuttgart
Dr. Ahmed Ginaidi, islamischer Religionswissenschaftler, Pädagogische Hochschule Karlsruhe
Saba Khabirpour, Generalsekretärin Nationaler Geistiger Rat Bahà'i Deutschland
Frau Dr. Haleh Sabet, Stuttgart, Bahà'i
Prof. Dr. Karl-Josef Kuschel, Tübingen, römisch-katholisch
Stadtdekan Hans-Peter Ehrlich, evangelisch
Stadtdekan und Prälat Michael Brock, römisch-katholisch.

Schließlich muß ein besonderer Dank auch den Pfarrern und Pfarrerinnen und den Kirchengemeinderäten und Kirchengemeinderätinnen sowie den Moscheegemeinden ausgesprochen werden, die Kirchen bzw. Moscheen zur Verfügung gestellt haben. Dies gilt auch den Mitwirkenden bei den durchweg ausgezeichneten (und stets kostenneutralen) musikalischen Ausgestaltungen.

Bei der thematischen Aufarbeitung unserer Jahresthemen wurde versucht, über die Mitglieder unserer interreligiösen Gemeinschaft hinaus eine vielseitige zusätzliche Kommunikation und Ausweitung religiöser Richtungen vorzunehmen. So haben sich an der inhaltlichen Auseinandersetzung mit den Themen insbesondere folgende Initiativen und Institutionen beteiligt, denen auch hier unser großer Dank gilt:
Israelitische Religionsgemeinschaft Württemberg
Gesellschaft für Christlich-Jüdische Zusammenarbeit Stuttgart
Koptisch-orthodoxe Kirche, Syrisch-Orthodoxe Kirche
Bund für Freies Christentum , Tempelgesellschaft in Deutschland
Gemeinschaft der Freunde (Quäker),
Evangelische Akademie Bad Boll
Fokolare, Tibet-Initiative, Stiftung Weltethos, Pro Asyl Stuttgart, Ohne Rüstung Leben
Jesuiten, Katholische Akademie der Diözese Rottenburg-Stuttgart
Aleviten, Ahmadiyya-Islam, Sufisten
Landesverband der Islamischen Kulturzentren Baden-Württemberg
Christlich-Islamische Gesellschaft für Begegnung und Zusammenarbeit Stuttgart
Christlich-Islamische Gesellschaft Filderstadt.

Besonderer Dank gilt an dieser Stelle auch kompetenten und führenden religiösen Persönlichkeiten, die sich geradezu selbstverständlich an unseren vorbereitenden Abenden eingebracht haben, z.B.
Frau Noemi Berger, Stuttgart, Judentum
Dr. J. Barta, Rabbiner, Stuttgart
Bischof Anba Damian, Koptisch-Orthodoxe Kirche Deutschland, Hoexter
Dr. Ahmed Ginaidi, Religionswissenschaftler, Karlsruhe, Islam
Frau Rose Kasper, Tübingen, Buddhismus
Frau Yüyang Wang und Herr Dr. Lin, Peking

Herr Pfr. Dr. Andreas Rössler, evangelisch
Frau Dr. G. Miller, Rottenburg/Neckar, römisch-katholisch
Herr Reza Maschajechi, Nürtingen - Herr F. Kortler, Illertissen, Sufismus
Herr Manan Hag, Stuttgart, Ahmadiyya-Islam - Herr Rajinder Singh, Kempten, Sikh-Religion - Herr Ahmet Demir, Stuttgart, Alevitentum
Frau Dr. Haleh Sabet, Stuttgart - Dr. Hellmut Schmidt, Herrenberg - Herr A. Eschragi, M.D., Frankfurt/Main - Peter Spiegel, Stuttgart - alle Bahà'i.

Verschiedentlich konnten dankenswerterweise zusätzliche Extraveranstaltungen in Zusammenarbeit mit dem Hospitalhof Stuttgart, Evangelisches Bildungswerk, bezüglich theologischer Aufarbeitung der Themen der interreligiösen Gebetsstunden durchgeführt werden, mit:

Dr. Heinz Zahrnt, Soest – 1996: Vom Absolutheitsanspruch zum interreligiösen Dialog. Das Netzwerk Christentum inmitten der Weltreligionen
Dr. Reinhold Mayer, Tübingen – 1997: Warum Juden keine Christen geworden sind und was Christen von Juden lernen können?
Prof. Dr. Dorothea Sölle, Hamburg – 2003: Endlichkeit und Ewiges Leben – Zur Mystik des Todes
Landesrabbiner Netanel Wurmser, Stuttgart – 2004: Gibt es Gemeinsamkeiten im interreligiösen Gebet?

Die abschließend beigefügte Literaturübersicht ist als Auswahl der zugrundegelegten und empfehlenswerten Literatur anzusehen.

Herrn Werner Zager, Worms, Präsident des Bundes für Freies Christentum, sei Dank gesagt für freundliche, insbesondere redaktionelle Anregungen und Unterstützung durch den Bund für Freies Christentum.

Ulrich Börngen, Stuttgart, November 2007
        auch für alle Mitgeschwister von IGF Stuttgart
        Interreligiöse Gemeinschaft für Frieden
        (ehemals WCRP Stuttgart)

1. 1990: *Kreuzkirche Stuttgart*

(Auswahl)

- **Schuldbekenntnis**

Sprecherin: Weil wir in Frieden leben wollen, darum laßt uns vor Gott und voreinander unsere Schuld bekennen.

Sprecher: Gott, der Du die Menschen aller Religionen versöhnen willst, wir kommen vor Dich und bekennen unsere Schuld voreinander. Jahrhundertelang haben wir Feindschaft an die Stelle der Versöhnung gesetzt. Gläubige aller Religionen wurden benachteiligt, verleumdet, ermordet, verfolgt – und oft im Namen von anderen Religionen. Sie klagen an. Noch immer bestehen alte Vorurteile fort. Wir bitten Dich:

Alle: (Wer will und kann) Erbarme dich unser. Vergib uns diese Schuld, damit wir frei werden, als Versöhnte miteinander zu leben.

Sprecherin: Gott, der Du die Zäune niederreißt, die die Feindschaft gebaut hat, wir kommen vor Dich und bekennen unseren Ungeist der Abgrenzung. Wir ziehen Zäune – zwischen den Religionen, Zäune zu unseren Nachbarn, Zäune und Grenzen zwischen Ost und West und vor allem zwischen Nord und Süd, Barrieren gegen Ausländer, gegenüber allen Fremden und alles Fremde, Zäune unserer Furcht und unseres Drängens auf Sicherheit. Wie mühevoll war es, die Zäune wenigstens an einigen Stellen wegzunehmen. Wir bitten Dich:

Alle: Gib uns Mut und Vertrauen, Zäune nicht mehr zu verstärken und zu befestigen, sondern durchlässig zu machen und am Ende ganz abzureißen.

Sprecher: Gott, der Du unser Friede bist, und uns zum Frieden befähigst, wir kommen vor Dich und bekennen unsere Friedlosigkeit. Es ist uns gelungen, an einigen Stellen Waffen abzubauen und die Gefahr zu mindern. Aber immer noch bauen wir an anderen Stellen neue Waffenarsenale und bedrohen uns gegenseitig.

Die Angst voreinander steckt tief und der Friede ist zerbrechlich. Noch immer meinen wir, Friede sei erreichbar, ohne daß wir den Weg der Buße gehen. Wir bitten Dich:
Alle: Mache uns bereit zur Umkehr, damit wir den Frieden suchen und gewinnen.

- Lied: **Selig seid ihr, wenn ihr einfach lebt**
Selig seid ihr, wenn ihr einfach lebt, selig seid ihr, wenn ihr Lasten tragt.
Selig seid ihr, wenn ihr lieben lernt, selig seid ihr, wenn ihr Güte wagt.
Selig seid ihr, wenn ihr Leiden merkt, selig seid ihr, wenn ihr ehrlich bleibt.
Selig seid ihr, wenn ihr Frieden macht, selig seid ihr, wenn ihr Unrecht spürt. *Evangelisches Gesangbuch (EG) 651*

- **Meditationen für den Frieden**

- **Hinduismus**
Ich bin in allen Wesen gegenwärtig, ich bin ihre Seele, und doch mißachten mich die Sterblichen und verehren Götzen, mir zum Spott. Wer mich mißachtet, der ich in allen Wesen wohne als ihre Seele und ihr Herrscher, und in seiner Verblendung Götzen dient, der vergeudet nur seine Zeit.
Hasse niemand, denn ich wohne in allen!
Mach keinen Unterschied zwischen den Menschen.
Wie willst Du sonst Frieden gewinnen?
Wenn Du die Menschen verachtest, kannst Du mein Bild verehren solang und aufwendig, wie Du willst: Nichts wird Dir nützen!
Tu Deine Pflicht, dann verehre mich! Verehre mich in Bildern, solange Du mich nicht in deinem eigenen Herzen erkennst,
denn ich lebe in Deinem Herzen und im Herzen aller Wesen.
Verehre mich also im Geiste der Liebe und Demut, im Bewußtsein, daß alle Menschen, alle Wesen eins sind, weil ich in ihnen wohne. So verehre mich. *Srimad Bhagavata*

- Buddhistische Lesung

Mögen in allen Ländern die Leiden der Wesen aufhören.

Mögen alle Wesen, die mangelhafte Sinnesorgane haben oder eines Gliedes beraubt sind, jetzt heil und gesund sein.

Mögen alle Wesen in den zehn Weltgegenden, die krank, schwach, in Elend und schutzlos sind, rasch von ihrer Krankheit befreit werden und die Gesundheit und Stärke ihrer Organe wiedererlangen.

Mögen alle Wesen, die von tyrannischen Herrschern, Räubern oder Soldaten bedroht, zum Tode verurteilt oder durch vielerlei Unterdrückung in Not geraten sind, mögen diese in Not geratenen Unglücklichen von diesen vielen Ängsten befreit werden.

Alle die, welche geschlagen und gequält, in Kerkern geworfen, sich in mannigfachen Nöten befinden, die von Gefahren und Ängsten heimgesucht sind – mögen alle diese von ihren Fesseln befreit werden, die mit dem Tod Bedrohten dem Leben wiedergegeben und die in Bedrängnis Geratenen von aller Furcht frei werden.

Mögen die von Hunger und Durst Gequälten Speise und Trank in Fülle erlangen, die Blinden die mannigfaltigen Formen und Gestalten erkennen können und die Tauben liebliche Geräusche hören.

Möge niemand Leid und Schmerzen treffen, mögen nirgends Laute des Schmerzes in der Welt ertönen, möge kein Wesen Widerwärtiges erleben. Alles Glück der Welt möge ihnen zuteil werden, alle ihre guten Absichten sollen beim bloßen Denken daran mit guter Frucht in Erfüllung gehen.

Möge reichlich Regen auf Pflanzen und Bäume herniedergehen und reiche Ernte reifen lassen.

In allen Weltgegenden sollen die Wesen den Vollendeten, den Buddhas und Heiligen Verehrung darbringen, der Jüngergemeinde und der Lehre, welche zur Erleuchtung führt.

Mögen die Wesen den niedrigen Weg des Geistes meiden und von den üblen Daseinsformen verschont bleiben. Mögen sie den Pfad zur Erleuchtung wandeln und die sechs Vollkommenheiten verwirklichen, nämlich: Freigebigkeit, Tugend, Geduld, Tatkraft, Geistessammlung und Weisheit.   *Aus der Goldglanzsutra, 4. Kapitel*

- **Bahá'i – Gebet**   Siehe S. 26
- **Jüdischer Beitrag**

Kurze Besinnung über: „Ich bin mit dir, und behüte dich, wohin du gehst, spricht der Herr"   *1. Buch Mose, 28. Kapitel*

- **Islamisches Gebet**

„Im Namen Allahs, des Allerbarmers, des Barmherzigen! Alles Lob sei Allah, dem Herrn der Welten, dem Allerbarmer, dem Barmherzigen, dem Herrscher am Tag des Gerichts! Dir allein dienen wir, und Dich allein bitten wir um Hilfe. Führe uns den geraden Weg, den Weg derer, denen Du Gnade erwiesen hast, nicht den derer, die Deinen Zorn erregt haben und nicht den der Irregehenden."   *Koran: 1. Sure: Al Fatiha*

Allah, mein Gott, Dank und Preis sei Dir. Wir waren nichts, Du hast uns sein lassen, hast uns Dein Vorhandensein wissen lassen;
wir bitten um Deine Hilfe und kommen zu Deiner Tür,
wir bitten um Deine Rechtleitung und wenden uns Deiner Gnade zu;
wir konnten Dir nicht dienen, aber wir erbitten Deine Vergebung,
laß uns nicht abirren, O Gott, lehre uns die Wahrheiten,
laß uns das Rechte sagen, all das Schöne und Gute;
wir können nichts hören, wenn Du uns nicht hören läßt,
wir können nichts sagen, wenn Du uns nicht sagen läßt,
wir können nichts lieben, wenn Du uns nicht lieben läßt,
laß uns das lieben, O Gott, was Du liebst.

Diejenigen, die Dich lieben, lieben sich; diejenigen, die Dich nicht lieben, streiten sich; die Propheten haben Dich geliebt, haben die Feinde zu Brüdern gemacht, haben Recht und Gerechtigkeit gelehrt, haben Völker gebildet, Wissenschaft und Freundschaft vererbt.

Mein Gott, laß uns zuerst Dich lieben: Du hast die Macht über alles; fülle unser Herz mit Deiner Liebe und wir werden auch uns lieben: behüte uns vor Unbarmherzigkeit, beschütze uns vor Rücksichtslosigkeit, bewahre uns vor Ungerechtigkeit. O Gott, vergib unsere Sünden.

Um die Gunst Deiner Liebe zu erhalten, wollen wir den Schwächeren unter die Arme greifen, wollen den Heruntergekommenen hochhelfen, wollen den Armen zur Hilfe eilen.

Laß uns, Deine Diener, in Frieden leben, in Ruhe und Glück schweben;
Deine Macht umfaßt alles: O Gott wir bitten Dich, O Gott wir flehen Dich an.

- Christliches Gebet

Herr aller, der Du jede Bemühung um ein besseres Verständnis, um gegenseitiges Annehmen und um weltumfassende Solidarität inspirierst und segnest, wir danken Dir für den Glauben, den Du uns geschenkt hast und für das Mühen um einen gerechten Frieden, der uns heute hier zusammengeführt hat. Reinige uns und unsere religiösen Traditionen von allen Spuren der Enge und Intoleranz. Schenke immer mehr Menschen, besonders jungen Menschen, Deinen Geist, daß sie sich denen anschließen, die für den Frieden arbeiten. Stehe Ihnen bei, daß sie – über alle Grenzen und über alle selbstsüchtigen Ziele und Interessen hinaus – ein Bewußtsein von der Einheit der Menschheitsfamilie entwikkeln und eine verantwortliche Gemeinschaft aufbauen.

Insbesondere bitten wir Dich: Schenke uns allen eine tiefere Glaubenserfahrung, die uns weiter zu Dir bringt als der Quelle der Wahrheit und Güte. Pflanze uns ein umfassendes Bewußtsein ein von der unerträglichen Bürde der Armut, die Millionen unserer Schwestern und Brüder ertragen müssen, von der immer größer werdenden Schere zwischen der nördlichen und südlichen Hemisphäre und von dem dämonischen Streben nach Massenvernichtungswaffen. Entfalte in uns einen größeren Geist persönlicher und gemeinschaftlicher Verantwortung, damit die Schätze der Erde statt für die Zerstörung unseres Planeten – in kluger Anwaltschaft und in einer lodernden Flamme uns gemeinsam umschließender Liebe – dazu genutzt werden, die Menschen der Erde in Freiheit, Freundschaft, Gerechtigkeit und Frieden aneinander zu binden.   *Erzbischof Fernandes, Neu Dehli*

- Lied: **Hewenu schalom alejchem – wir wollen Frieden für alle**
Wir wollen Frieden für alle, für alle Menschen hier auf Erden! Wir wollen Frieden, Frieden, Frieden in der Welt.

EG 433

*Aus: **Korrespondenz** des I. Evangelischen Pfarramtes der Kreuzkirche Stuttgart mit dem Evangelischen Oberkirchenrat Stuttgart vom 10.1.1991:*
...„Im Herbst 1989 erreichte unsere Gemeinde erstmals die Anfrage der „WCRP", ob diese eine „Gebetsstunde der Weltreligionen für den Frieden" abhalten könne. Die Anfrage wurde am 6.9.89 und am 2.10.89 im Kirchengemeinderat diskutiert und positiv entschieden ... Im Frühjahr 1990 wurde die Anfrage wiederholt und vom neugewählten Kirchengemeinderat in der Sitzung während des Kirchengemeinderatswochenendes vom 4.-6. Mai 1990 als TOP 4 ausgiebig diskutiert. Mit 9 gegen 2 Stimmen beschloß der KGR erneut, der WCRP-Gruppe die Feier einer Gebetsstunde für den Frieden zu ermöglichen, und zwar – auf Bitten von WCRP – wieder ausdrücklich im Kirchenraum mit anschließender Gesprächsmöglichkeit im Gemeindesaal ... Resonanz in der Gemeinde: Im Kirchengemeinderat kam es in der Dezembersitzung noch einmal zu einer Diskussion, bei der hauptsächlich die schon bekannten Standpunkte ausgetauscht wurden. Die Gebetsstunde hatte z.T. schon bestehende Ansichten gefestigt, aber auch Verständnis für das Problem geweckt. – Die im Kirchengemeinderat vertretenen Meinungen spiegelten sich auch in den Reaktionen aus der Gemeinde wieder: einige Kritiker, die jedoch an dem Abend selbst nicht anwesend waren und die z.T. falsch oder oberflächlich informiert gewesen waren, brachten ihre Bedenken zum Ausdruck, vor allem die Befürchtung, Jesus Christus könne austauschbar erscheinen. Daneben gab es von Gemeindegliedern äußerst positive Äußerungen. In

20

einer ganzen Reihe von Einzeldiskussionen und -gesprächen wurde zum Ausdruck gebracht, wie wichtig der interreligiöse Dialog und die gemeinsamen Aktionen angesichts der auch religionsübergreifenden Probleme in der Welt erachtet werden. In der anschließenden Gesprächsrunde im Gemeindesaal wurde u.a. von den noch anwesenden ca. 80 Teilnehmern auf Vorschlag von Vertretern der islamischen Union beschlossen, Telegramme an die Präsidenten S. Hussein, G. Bush und M. Gorbatschow zu schicken und diese aufzufordern, eine friedliche Lösung der Nahostkrise anzustreben."

Aus dem GEMEINDEBRIEF der Kreuzkirchen-Gemeinde Stuttgart vom Februar/März 1991, Nr. 102:
„Gebetsstunde" der „Weltreligionen für den Frieden"
Eine „Gebetsstunde" der „Weltreligionen für den Frieden", die am 25.11.1990 abends in der Kreuzkirche stattgefunden hat, fand in unserer Gemeinde und darüber hinaus ein unterschiedliches Echo.

Dr. Ulrich Börngen schreibt dazu:
Schlage eine Brücke, die am anderen Ufer warten darauf (Elfriede Brandler)
Geht es ihnen auch so? Ist es nicht erschreckend, wie wir uns in unserem Leben allzuoft rein routinemäßig, oft mißtrauisch und intolerant Fremdem und Fremden gegenüber, letztlich isoliert und engherzig verhalten – in unseren Familien und Häusern, auch in unserer Kirche. Wo führt Christsein in Freude und Offenheit, inhaltlich, was wir zu sagen haben, und in unserem Verhalten noch zu anderen Menschen? Dies betrifft unser tägliches Leben, auch unseren Gottesdienst und unsere gemeindlichen Veranstaltungen. Dabei hätten wir vom Evangelium her befreite Hoffnung auszustrahlen <u>und</u> gleichzeitig zu den dramatisch sich zuspitzenden Problemen unserer Zeit genug Stellung zu beziehen. Ich denke z.B. an bei uns und weltweit himmelschreiende Ungerechtigkeiten, beängstigende Friedlosigkeit im Kleinen wie im Großen und an fast überall verantwortungslosen Umgang mit Gottes herrlicher Schöpfung.

1987 erfuhr ich zufällig von Hermann Benz, dem katholischen Gemeindepfarrer von St. Hedwig in Möhringen. Er war gleichzeitig Leiter der „Weltkonferenz der Religionen für den Frieden" (WCRP) sowohl der bundesdeutschen Sektion wie auch der Stuttgarter Gruppe. Für das überzeugende Engagement von H. Benz spricht schon, daß er sich gerade in dieser Zeit entschlossen hatte, seine sicher gute Position als deutscher Pfarrer aufzugeben und schwere Aufgaben in einem Homeland in Südafrika zu übernehmen. Über ihn lernte ich WCRP kennen, eine weltweit verbreitete Organisation, die „Gemeinschaft aller Gläubigen für den Frieden" anstrebt. Sie wurde 1970 in Kyoto/Japan von Vertretern verschiedener Weltreligionen, z.B. Buddhisten, Christen, Hindu, Juden, Konfuzianern, Muslimen und Shintoisten gegründet. In ihrer **„Botschaft von Kyoto"** bekannten sie: „Als gläubige Männer und Frauen bekennen wir in Demut und Reue, daß wir sehr oft unsere religiösen Ideale und unsere Verpflichtungen zum Frieden verraten haben. Es ist nicht die Religion, die sich gegen die Sache des Friedens verging, sondern die Anhänger der Religionen taten dies. Dieser Verrat der Religionen kann und muß korrigiert werden."

In Stuttgart fand ich trotz unregelmäßiger Teilnahme an den monatlichen WCRP-Treffen eine übergemeindliche Gruppe von religiösen Menschen vor, in der ich mich von Anfang an geradezu wie zu Hause fühlte. Wäre das nicht eine verheißungsvolle Aufgabe für viele christliche Gemeinden, Vertrauen, Raum und Heimat in der Gemeinde für solche überkonfessionelle Arbeit zu geben, z.B. eine großartige Erweiterung unseres Friedens-Arbeitskreises? Wie nötig wäre das gerade in unserer fast überall vorhandenen „multireligiösen Umgebung", „denn auch wir als evangelische Christen, Gemeinde und Kirche müssen unseren Ort" hier „neu fassen und bestimmen", wie es A. Frenz in einem lesenswerten Beitrag im Evang. Gemeindeblatt (vom 25.3.90, Nr. 12, S. 12) ausführt. In diesem Sinn werden wir auch bestätigt durch ein wichtiges Buch von Hans Küng, dem bekannten katholischen Theologen aus Tübingen: „Projekt Weltethos" (Piper, 1990). Bemerkenswerterweise wurde es im Evang. Gemeinde-

22

blatt (vom 2.12.90, Nr. 48, S. 9) hervorragend beschrieben. H. Küng hält es dringend für nötig, daß wir „mit der globalen religiösen Verständigung hier und heute anfangen, die interreligiöse Verständigung energisch vorantreiben im lokalen, regionalen, nationalen und internationalen Bereich. Die ökumenische Verständigung müsse mit allen Gruppen auf allen Ebenen gesucht werden" – das, was sich WCRP seit Jahren als Aufgabe gesetzt hat. Für ihn gilt: Kein Überleben ohne humanistisches Weltethos, kein Weltfriede ohne Religionsfrieden und kein Religionsfriede ohne Religionsdialog. Wann werden wir uns als Christen und Gemeinde dem stellen?

… Eine Gebetsstunde auf dem Kirchentag in Berlin 1989 war für mich ein Erlebnis, sodaß ich das auch für den Stuttgarter Raum bzw. für unsere Kreuzkirche vorschlagen und unterstützen konnte. Insofern bin ich dankbar, daß sich die Mehrheit unseres Kirchengemeinderates für die Durchführung einer solchen Gebetsstunde am 25.11.90 ausgesprochen hat. Unser Herrgott, so ganz einfach sehe ich es, hat hier uns und alle ansprechbaren Weltreligionen zu einem mehr denn je dringend notwendigen gemeinsamen Gebet für den Frieden eingeladen. Insofern hatte und habe ich diesbezüglich auch keinerlei Probleme, wenn so eine Veranstaltung, die im übrigen recht gut besucht war, in unserer Kirche stattfindet. Denn es geht bei allem keinesfalls um eine Glaubensvermischung, sondern um den Versuch, Gemeinsamkeiten wahrzunehmen, voneinander zu lernen und christlicher miteinander umzugehen. Sicher könnte bei Wiederholungen in hoffentlich 1-2jährigem Abstand einiges von uns Laienteilnehmern verbessert werden. Dann hoffe ich, daß auch gewisse Bedenken, die verschiedentlich in unserer Gemeinde geäußert wurden, und die ich sehr ernst nehme, auch wenn ich sie nicht teilen kann, abgebaut werden können. Ich finde es großartig, daß wir alle auch nach dieser WCRP-Gebetsstunde im Gespräch bleiben und so auch auf dieser Ebene versuchen, Reich Gottes zu bauen.

Alles hat ganz zentral auch mit unserem missionarischen Verhalten und mit Evangelisation zu tun. Aber dies ist (nicht nur) heute offensichtlich völlig neu zu überdenken! Mich bewegen in diesem Zusammenhang die bedeutsamen Worte von Bischof Kruse im Oktober in Travemünde (siehe Evang. Gemeindeblatt, vom 2.12.90, Nr.48, S.12): „Wir bringen Gott nicht erst zu den Menschen, er hat mit jedem schon eine Geschichte". „Evangelisation, den Ruf zum Glauben, haben nicht nur die anderen nötig, also die draußen, sondern die Kirche als Ganzes, also wir alle". Sie bedeuten für mich ein völliges Umdenken und ein Verhalten, was ich mit der Ökumenischen Weltversammlung von Seoul im März 1990 umschreiben möchte: „Wir suchen den Dialog und die Zusammenarbeit" mit vielen Menschen, „die andere Religionen und Weltanschauungen vertreten" und versuchen, „deren eigene Sicht von Gerechtigkeit, Frieden und Bewahrung der Schöpfung" ernst zu nehmen. Insofern bin ich glücklich darüber, daß ich erfahren habe, daß auch WCRP den konziliaren Prozeß ganz ernst nimmt und unterstützt. Hier sollten wir gemeinsam unser Leben und, so Gott will, das Leben der Welt verändern. Komm, Heiliger Geist, erneure die ganze Schöpfung, Du selbst.

2. 1991: *Kapelle Augustinerkloster Erfurt*

Einige Texte wurden von der Gebetsstunde in der Kreuzkirche Stuttgart 1990 übernommen, siehe oben.

- Instrumentalstück
- Begrüßung durch die Veranstalter und durch die Gastgeber
- Lied: **Jeder Teil dieser Erde ist meinem Volk heilig.**
  Aus: Die Rede des Indianerhäuptlings Seattle

- Eingangswort

> Widersteht den Bösen, auf Erden
> widersprecht den mächtigen Lügnern
> deckt widerliche Heuchelei auf
> laßt die Angst der Schwachen nicht zu
> klagt Gemeinheit öffentlich an
> kämpft gegen jeden faulen Frieden
> grüßt die Armen auf der Straße
> feiert fröhliche Feste mit Verzagten
> redet Gutes über die Verachteten
> teilt euer Brot mit den Hungernden
> stellt euch als Zeugen für Beleidigte
> lernt es bei eurem Gott
> lest genau
> denn so ist Gott
> *J. Hansen, 1978, zu Psalm 12*

- Gedanken zur A u f g a b e a l l e r Religionen für den Frieden
- Schuldbekenntnis
- Lied: **Selig seid Ihr, wenn ihr einfach lebt**   EG 651

- **Meditationen für den Frieden**
  (nach jedem Teil Stille)

- **Bahá'i - Gebet**

O Du gütiger Herr! Du hast die ganze Menschheit aus dem gleichen Stamm erschaffen. Du hast bestimmt, daß alle der gleichen Familie angehören. In Deiner heiligen Gegenwart sind alle Deine Diener. Die ganze Menschheit findet Schutz in Deinem Heiligtum. Alle sind um Deinen Gabentisch versammelt; alle sind erleuchtet vom Lichte Deiner Vorsehung.

O Gott! Du bist gütig zu allen, Du sorgst für alle, Du beschützest alle, Du verleihst allen Leben. Du hast einen jeden mit Gaben und

26

Fähigkeiten ausgestattet, und alle sind in das Meer Deines Erbarmens getaucht.

O Du gütiger Herr! Vereinige alle. Gib, daß die Religionen in Einklang kommen und vereinige die Völker, auf daß sie einander ansehen wie eine Familie und die ganze Erde wie eine Heimat. O daß sie doch in vollkommener Harmonie zusammen lebten!

O Gott! Erhebe das Banner der Einheit der Menschheit.

O Gott! Errichte den größten Frieden.

Schmiede Du, O Gott, die Herzen zusammen.

O Du gütiger Vater, Gott! Erfreue unsere Herzen durch den Duft Deiner Liebe. Erhelle unsere Augen durch das Licht Deiner Führung. Erquicke unsere Ohren mit dem Wohlklang Deines Wortes und beschütze uns alle, in der Feste Deiner Vorsehung.

Du bist der Mächtige und der Kraftvolle, Du bist der Vergebende und Du bist der, welcher die Mängel der ganzen Menschheit übersieht. *Ein Text von 'Abdu'l-Bahá*

- **Buddhistische Lesung**
- **Christliches Gebet**
- Instrumentalstück
- **Hindu-Meditation**
- **Islamisches Gebet**

- **Jüdisches Gebet** Rabbiner Scharf - Katz

Gott, wir danken Dir für Deine Gabe der Hoffnung, unsere Kraft in schweren Zeiten. Jenseits der Ungerechtigkeit unserer Zeit, ihrer Grausamkeit und ihrer Kriege erkennen wir eine Welt des Friedens, in der die Menschen einander lieben und sich niemand fürchtet. Jede unserer schlechten Taten rückt jene herrliche Zukunft in weite Ferne, jede gute Tat bringt sie näher. Möge unser Leben von Dir zeugen, so daß spätere Geschlechter uns dafür preisen. Möge der Tag kommen, an dem, wie unsere Propheten lehrten, „die Sonne der Gerechtigkeit mit den Flügeln des Heils aufgehen wird". Hilf uns, dafür zu beten, darauf zu warten, dafür zu arbeiten und dessen würdig zu sein.

- Lied: **Der Himmel geht über allen auf**
  Der Himmel geht über allen auf, auf alle über, über allen auf. Der Himmel geht über allen auf, auf alle über, über allen auf.

- **Litanei für Frieden und Gerechtigkeit**

Laßt uns in Frieden zu Gott beten

Gott erbarme Dich   Laßt uns zu Gott beten, daß Gewalt und Ungerechtigkeit aufhören und Gerechtigkeit und Frieden einkehren, überall auf der Welt.

Gott erbarme Dich   Laßt uns zu Gott beten, daß das Leid, das Muslime, Juden, Christen, Bahá'is, Buddhisten oder Hindus in den Auseinandersetzungen der letzten Jahre erfahren haben, daß der Schmerz der Trauernden und daß die Erinnerung derer, die die Wunden der Vergangenheit nicht vergessen können, daß alle Gottes heilende Hand spüren.

Gott erbarme Dich   Laßt uns zu Gott beten, daß über alle Rassen- und Glaubensschranken hinweg sich Gläubige gegenseitig achten und versuchen, dem anderen in Liebe zu begegnen und daß sich keine Religionen mehr hergeben zu Kriegen und Gewalt.

Gott erbarme Dich   Laßt uns zu Gott beten, daß unsere Selbstsucht und unser Eigennutz, daß unser Wahrheitsfanatismus und unsere Intoleranz uns vergeben wird.

Gott erbarme Dich   Laßt uns zu Gott beten, daß unsere Herzen und Sinne die Barrieren des Hasses, des Mißtrauens, des Ärgers, des Leids und der Angst, die die Menschen voneinander trennen, beseitigen.

Gott erbarme Dich   Laßt uns zu Gott bitten, daß alle, die in den Konflikt im Golf verwickelt sind, und die den Konflikt schüren, endlich der Gewalt entsagen und Frieden durch Liebe finden.

Gott erbarme Dich   Laßt uns zu Gott beten, daß seine Verheißung von Recht und Gerechtigkeit sich für alle Menschen erfüllen möge und sie in Freiheit und Frieden leben können.

Gott erbarme Dich   Laßt uns zu Gott beten, daß sein göttlicher Geist uns unsere Voreingenommenheit gegen andere Religionen nimmt, uns Güte und Wahrhaftigkeit schenkt, uns von Haß und

Mißgunst befreit und uns lehrt, mit allen Menschen in Frieden zu leben.

Gott erbarme Dich   Laßt uns zu Gott beten, daß wir uns für wirklichen Frieden und für Versöhnung einsetzen, daß wir nach Gerechtigkeit und nach einer Weltordnung suchen, die geeignet ist, kommenden Generationen Leben zu ermöglichen.

Gott erbarme Dich – Amen

- **Hoffnung**
        Es kommt ein Tag   nach allen Tagen
    dieser alten Erde   Tag des Herrn genannt
        an dem Gott Schluß macht
    Schluß macht mit der Macht der Mächtigen
        über die Angst der Schwachen
    Schluß macht mit dem Weinen der Kinder
        weil die Mutter kein Brot hat
    Schluß macht mit dem Gleichgewicht des Schreckens
        und dem Verbrennen seiner guten Erde
        Schluß macht mit der Verachtung
    der Wahrhaftigen und den gemeinen Intrigen der Lügner
    Schluß macht mit der Verfolgung seiner Kinder
        und den Verhören in der Nacht
    Dann wird unsagbare Freude sein
        wird helles Lachen herrschen
    wird an reichen Tischen gegessen werden
        Menschen lallen vor Glück
        werden wir sein wie die Träumenden
    Jetzt schon träumen wir von diesem Land   mit wachen Sinnen
        in guter Hoffnung üben wir Zukunft ein
            widerstehen der Bosheit
            und verkünden sein Heil
        J. Hansen, 1978, zu Psalm 126

- Lied: **Herr, gib uns deinen Frieden**, gib uns deinen Frieden, Frieden, gib uns deinen Frieden, Herr, gib uns deinen Frieden.

G 436

Pressemitteilung 22.4.1991:

„Auf der Ökumenischen Versammlung April 1991 in Erfurt haben wir in der Arbeitsgruppe: ‚Statt Kreuzzug Dialog und Zusammenarbeit mit Religionen' über interreligiöse Probleme und Hoffnungen gesprochen. Im historischen Rückblick beunruhigten uns Fehlentwicklungen und Schuld durch Menschen und gesellschaftliche Systeme, die das Christentum, aber auch andere Religionen, zu oft politisch und wirtschaftlich mißbraucht haben. Das hält seit Jahrhunderten bis heute an … Abschluß und Höhepunkt unseres Treffens war eine ‚Gebetsstunde der Religionen für den Frieden' im traditionsreichen Kapitelsaal des Augustinerklosters. Es war schon eine besondere Freude und ein Erlebnis, daß an dieser Gebetsstunde u.a. der Vorsitzende der Jüdischen Landesgemeinde von Thüringen, ein Vertreter der Bahá'i und die Kuratorin des Augustinerklosters selbst teilgenommen haben. Dies alles stellt keine Religionsvermischung dar, sondern der Versuch, interreligiöse Gemeinsamkeiten, Toleranz und Ehrfurcht voreinander zu suchen und zu praktizieren."

Und eine motivierende Reaktion aus Erfurt:

Augustinerkloster zu Erfurt
          Tel: 236 03
          Augustinerstraße 10
          Erfurt - 5020

          den 08.05.1991
          Pa/Li 317/91

„Haben Sie Dank für Ihre Informationen. Ich habe mich sehr gefreut darüber. Unendlich dankbar bin ich, daß ich in Ihre Gebetsandacht einbezogen wurde."

3. 1994: *Weltethos*

Weltreligionen auf dem Weg zum Frieden
Was verbindet uns?
Eine gemeinsame Ethik!

Nach: „Erklärung zum Weltethos. Die Deklaration des Parlamentes der Weltreligionen", Chicago 1993. Küng-Kuschel, Piper 1993, S. 25-40

1. Cembalomusik
2. Begrüßung

     5 unverrückbare Weisungen und Gebete:
3.   **Menschlichkeit**   - buddhistischer Beitrag
4.   **Gewaltlosigkeit**   - muslimischer Beitrag
5. Lied: Hilf, Herr meines Lebens

6.   **Solidarität**   - Beitrag der Bahà'i
7.   **Toleranz**   - hinduistischer Beitrag
8. Cembalomusik

9.   **Gleichberechtigung** - christlicher Beitrag
10. Segen
11. Lied: Herr, gib uns deinen Frieden

Anschließend besteht die Möglichkeit zum gemeinsamen Gespräch. Kollekte für eine multireligiöse Gemeinschaft in Pecs (Südungarn). Sie betrug 161 DM.

2. Begrüßung

Ich begrüße Sie alle ganz herzlich zur Gebetsstunde der Religionen für den Frieden im Rahmen unseres traditionellen Ökumenischen Friedensgebetes hier in der Hospitalkirche in Stuttgart. Zu zwei Punkten seien einige Ausführungen erlaubt:

1. Die Botschaft von Kyoto, 1970, (S. 22) … hat mich persönlich stark angesprochen und deshalb versuche ich als Christ, mich interreligiös zu engagieren – insbesondere motiviert durch unseren ökumenisch-konziliaren Weg für Gerechtigkeit, Frieden und Schöpfungsbewahrung seit 1985. Bestärkt werde ich durch ein Wort der Weltchristenheit von Seoul/Korea vom März 1990, wo es in der **Einleitung zu 10 Grundüberzeugungen** (Affirmationen) heißt: (verkürzt zitiert):

„Wir ... wissen, daß viele Menschen, die andere Religionen und Weltanschauungen vertreten, ... Sorgen mit uns teilen und ihre eigene Sicht von Gerechtigkeit, Frieden und der Bewahrung der Schöpfung haben. Wir suchen den Dialog und die Zusammenarbeit mit ihnen. Wir folgen damit der Vision einer neuen Zukunft, die für den Fortbestand unseres Planeten unerläßlich ist."

Unser Ziel ist, uns gegenseitig kennenzulernen und Verständnis füreinander zu finden, unsere Gemeinsamkeiten zu entdecken und Unterschiede zu akzeptieren, die Bedeutung der Religionen für den Frieden, für die Gerechtigkeit und Ökologie deutlich zu machen, die verschiedenen Wege der Religionen zum Frieden anzuerkennen und uns gemeinsam gegen existentielle Bedrohungen auf dieser uns anvertrauten Erde einzusetzen.

Der verschiedentlich gemachte Vorwurf einer Religionsvermischung, eines Synkretismus, ist aus meiner langjährigen Erfahrung völlig unbegründet und unberechtigt. Im Gegenteil. M. Gandhi hat das 1924 am besten und am überzeugendsten formuliert:

„Nicht eine Einheitsreligion ist vonnöten, sondern gegenseitige Achtung und Toleranz der Gläubigen unterschiedlicher Religionen. Was wir erstreben, ist nicht öde Gleichschaltung, sondern Einheit in Verschiedenheit."

2. Thema unserer Gebetsstunde heute ist praktisch der Inhalt eines Taschenbuches von Hans Küng und Karl-Josef Kuschel, beide Tübingen: *Erklärung zum Weltethos – Die Deklaration des Parlamentes der Weltreligionen*, vom August/September 1993 in Chicago, wo 6.500 Vertreter aus praktisch allen Religio-

nen zusammengekommen sind und die Vertreter aus allen Religionen die Prinzipien eines Weltethos unterschrieben haben. Wir meinen, daß sich jeder von uns mit diesem Thema intensiv befassen und es sich zu eigen machen sollte. Wir, d.h. die Vertreter von 5 verschiedenen Religionen ... wollen <u>fünf unverrückbare Weisungen</u> heute hier in den Mittelpunkt stellen, konkret in dem Sinn, wie wir uns am 23. November 1994 auf unserem letzten Treffen erklärt und verpflichtet haben:

Erklärung und Verpflichtung, 23.11.1994
Wir, Bahá'i, Buddhisten, Christen, Hindus und Moslems aus Stuttgart, haben am 23. November 1994 ... über die Weltethos-Erklärung von Chicago 1993 gesprochen. Wir stimmen dem Dokument zu und hoffen, daß es überall, insbesondere auch in unseren Religionsgemeinschaften, Anerkennung und Unterstützung erfährt. Wir wollen in unserer Stadt und in unserem Land mitwirken, daß Ehrfurcht vor allem Leben und daß Gewaltlosigkeit, Solidarität, Toleranz, Wahrhaftigkeit und Gleichberechtigung zwischen Mann und Frau das Leben der Menschen durchdringen. Wir möchten einen Bewußtseinswandel im Persönlichen und in unserer Gesellschaft und arbeiten für ein Erwecken unserer spirituellen Kräfte durch Reflexion, Meditation, Gebet und positives Denken, für eine Umkehr der Herzen.
Publiziert im Handzettel der Gebetsstunde zum 4. 12. 1994, S. 9

3. Menschlichkeit - buddhistischer Beitrag
Ich bin davon überzeugt, daß Liebe und Mitgefühl die moralische Grundlage des Weltfriedens sind.
Wahre Liebe beruht nicht auf Ergreifen, sondern auf selbstloser Hinwendung. Mitgefühl ist eine menschliche Antwort auf das Leiden, solange die Wesen dem Leiden unterworfen sind.
Wir sollten uns bemühen, diese Art von Mitgefühl in uns zu entwickeln, und aus einem begrenzten Gefühl sollten wir es ins Unbegrenzte ausweiten. Nichtunterscheidendes, spontanes, grenzenloses Mitgefühl für alle Wesen ist offensichtlich nicht die übliche

Liebe, die man für Freunde und Familie hegt und die mit Unwissen, Verlangen und Anhaften vermischt ist.

Die Liebe, die wir entfalten sollten, ist die weite Liebe, die wir selbst dem zuwenden, der uns Schaden zugefügt hat: dem Feind.

Ob man einer Religion angehört oder nicht, es gibt niemanden, der nicht Liebe und Mitgefühl schätzen sollte. Von unserer Geburt an leben wir unter der Fürsorge und Liebe unserer Eltern. Und später im Leben, wenn wir den Leiden von Krankheit und Alter unterworfen sind, sind wir wieder auf die Hilfsbereitschaft anderer angewiesen. Wenn Anfang und Ende unseres Lebens von der Fürsorge anderer abhängt, sollten wir da nicht in der Mitte unseres Lebens hilfreich gegen andere handeln?

Ich habe diese Worte geschrieben, weil eine Empfindung mich ständig begleitet. Immer, wenn ich einem Menschen begegne, und sei er auch ein „Fremder", ist es die gleiche Empfindung: „Wieder begegne ich hier einem Angehörigen unserer menschlichen Familie."

Meine Liebe zu allen Lebewesen,
meine Hochachtung vor ihnen, sind stetig gewachsen.

Und ich fühle den Wunsch in mir, etwas zu tun für den Frieden in der Welt. Ich bete, daß die Menschen dieser Erde freundlicher miteinander umgehen mögen, voll gegenseitiger Liebe und Anteilnahme.

Und ich richte diese Worte an alle, die das Leiden in der Welt verringern wollen und deren tiefster Wunsch es ist, ein Glück zu finden, das von Dauer ist. *Dalai Lama*

4. Gewaltlosigkeit - muslimischer Beitrag

„Wahrlich der Mensch ist ein Tyrann" (Sure 14,34) Diese kurze Feststellung können wir im Koran finden, weil der Mensch keine Hemmungen kennt, wenn seine Zerstörungswut ausgebrochen ist, wenn es um die Befriedigung seiner Gier geht.

Gäbe es keine verhindernden Kräfte, würde er den anderen ständig ausbeuten und unterdrücken.

Die Anmahnung in der Religion zur Einhaltung der Gebote lautet zusammengefaßt:

Füge deinen Mitmenschen weder mit Worten noch mit Taten Leid zu.

Religion verpflichtet uns, gegen Ungerechtigkeit, Ausbeutung und Unterdrückung sich aufzulehnen. Religion fordert uns auf, uns einzusetzen für eine humane und gerechte Gesellschaft.

Wie schön ist es, wenn Gewalt und Macht für Gerechtigkeit, für Menschlichkeit eingesetzt wird, wenn Übel bekämpft wird.

Wie verächtlich ist es, wenn Macht und Gewalt dazu dienen, einen Teil der Menschen zu unterdrücken und auszubeuten.

Muhammed sagt in einem Wort, das in seiner Aktualität nichts eingebüßt hat:

„Vermeidet Unterstellungen.

Bemüht euch, nicht Fehler der anderen zu sehen oder zu hören.

Forscht nicht das Privatleben der anderen aus.

Um weltliche Dinge und Vorteile wetteifert nicht in Gier.

Klatscht nicht übereinander. Hasset einander nicht.

Dreht euch nicht den Rücken zu.

Oh Menschen Gottes, werdet Brüder!"

5. Lied: **Hilf, Herr meines Lebens**, daß ich nicht vergebens, daß ich nicht vergebens hier auf Erden bin.
Hilf, Herr meiner Tage, daß ich nicht zur Plage, daß ich nicht zur Plage meinem Nächsten bin.
Hilf, Herr meiner Stunden, daß ich nicht gebunden, daß ich nicht gebunden an mich selber bin.
Hilf, Herr meiner Seele, daß ich dort nicht fehle, daß ich dort nicht fehle, wo ich nötig bin.

Hilf, Herr meines Lebens, daß ich nicht vergebens, daß ich nicht vergebens hier auf Erden bin.

EG 419

6. Solidarität - Beitrag der Bahá'i

O ihr Menschenkinder!

Der Hauptzweck, der den Glauben Gottes und Seine Religion
beseelt, ist, das Wohl des Menschengeschlechts zu sichern, seine
Einheit zu fördern und den Geist der Liebe und Verbundenheit
unter den Menschen zu pflegen. Laßt sie (die Religionen) nicht
zur Quelle der Uneinigkeit und der Zwietracht, des Hasses und
der Feindschaft werden.

Die Wohlfahrt der Menschheit, ihr Friede und ihre Sicherheit
sind unerreichbar, wenn und ehe nicht ihre Einheit fest begründet ist. Ihr seid die Früchte eines Baumes und die Blätter eines
Zweiges. Verkehrt miteinander in inniger Liebe und Eintracht, in
Freundschaft und Verbundenheit. Es rühme sich nicht, wer sein
Vaterland liebt, sondern wer die ganze Welt liebt. Die Erde ist
nur ein Land, und alle Menschen sind seine Bürger. Nach dem
Urteil des Volkes Bahás liegt des Menschen Ruhm in seiner Erkenntnis, seinem aufrechten Verhalten, seinem lobenswerten
Charakter und seiner Weisheit, nicht in Rang und Volkszugehö-
rigkeit.

Der Menschen Licht ist die Gerechtigkeit. Kein Licht kann sich
mit dem der Gerechtigkeit vergleichen. Die Begründung der
Ordnung in der Welt und die Ruhe der Völker hängen davon ab.
Wenn du auf Barmherzigkeit siehst, dann gib auf, was dir Nutzen bringt, und halte dich an das, was der Menschheit nützt. Und
wenn du auf Gerechtigkeit siehst, dann wähle für deinen Nächsten, was du für dich selbst wählst. Demut erhebt den Menschen
zum Himmel des Ruhmes und der Macht, Stolz dagegen ernied-
rigt ihn zu Schmach und Schande.

Bahá'u'lláh

O Gott! Wahrlich, ich rufe Dich an und flehe an Deiner Schwel-
le, laß alle Deine Gnadengaben auf diese Seelen herabkommen.
Mache sie empfänglich für Deine Gunst und Deine Wahrheit.

36

O Herr! Vereinige und verbinde die Herzen, bringe alle Seelen in Einklang und erheitere die Gemüter mit den Zeichen Deiner Heiligkeit und Einheit. Laß diese Gesichter strahlen im Lichte Deiner Einheit.

O Herr! Laß uns wie die Wogen eines Meeres und die Blumen eines Gartens vereint und einig sein durch die Freigebigkeit Deiner Liebe. Weite uns das Herz mit den Zeichen Deiner Einheit und laß die ganze Menschheit zu Sternen werden, die vom selben Himmel der Herrlichkeit hernniederstrahlen; zu vollkommenen Früchten, die an Deinem Lebensbaume wachsen.

Wahrlich, Du bist der Allmächtige, der Selbstbestehende, der Geber, der Verzeihende, der Vergebende, der Allwissende, der eine Schöpfer.   *'Abdu'l-Bahá*

7. Toleranz   - hinduistischer Beitrag
Mahatma Gandhi schreibt über Wahrheit und Toleranz:

Nicht eine Einheitsreligion ist vonnöten, sondern gegenseitige Achtung und Toleranz der Gläubigen unterschiedlicher Religionen. Was wir erstreben, ist nicht öde Gleichschaltung, sondern Einheit in Verschiedenheit ...

Ehrfurcht vor anderen Glaubensbekenntnissen muß uns nicht blind machen für ihre Irrtümer. Auch vor den Mängeln unseres eigenen Glaubens müssen wir uns in acht nehmen, und doch dürfen wir ihm deswegen nicht den Rücken kehren, sondern müssen sie zu überwinden suchen ...

Toleranz ist nicht Gleichgültigkeit gegen den eigenen Glauben, sondern tieferes Verständnis für ihn.

---- ooo O ooo ----

Auszüge aus einem Hindu-Gebet aus dem 8. Jahrhundert:
Der du alles Unheil aufhebst, sei auch uns gnädig
und läutere uns von allem Unreinen ...
Du bist der Allerhalter und erhaben über Werden und Vergehen,

Fühlen und Empfinden: unvergänglich, ohne Grenzen, unveränderlich.

Aus dir sind Mensch und Vieh, Vogel und Fisch hervorgegangen.

Aus dir sind alle Pflanzen erblüht.

Aus dir ist alles hervorgegangen, was da war, ist und sein wird, was sich regt und was ruht, was geformt und was ungeformt, was grob und fein oder unsichtbar ist.

Du bist der Erhalter der Welt, und außer dir ist Nichts.

O Herr, wir irren umher im Kreislauf weltlichen Daseins und erfahren Leid in Gedanken, Worten und Werken, und nirgends finden wir Ruhe.

Den Reizen des Daseins hingegeben kreisen wir im Wirbel von Dünkel und Wahn auf und ab. Wir wandeln immer wieder die unendlichen Leidenspfade von Geburt, Alter und Tod.

Du höchster Geist, der du der Urgrund von allem bist,

wer mag ohne deine Gnade ewige Ruhe finden?

Wo gibt es dauernden Frieden?

Bei dir werden wir unser letztes Ziel finden,
beim Herrn aller Herrlichkeit, der einzig Rettung bringt.

Abgewandt von der Welt, und von ihrem Weh,

wünschen wir Vollendung des Heils, das Ende von allem Dasein.

---- ooo O ooo ----

9. Gleichberechtigung   - christlicher Beitrag

Gott schuf Mann und Frau nach seinem Bilde (1. Mose 1,27). Diese Ebenbildlichkeit des Menschen ist die Grundlage für eine lebendige Beziehung zwischen Frauen und Männern und zur Umgestaltung der Gesellschaft.

Deshalb, wir bekräftigen die schöpferische Kraft, die den Frauen geschenkt worden ist, um für das Leben dort einzutreten, wo der Tod regiert; in Gemeinschaft sind die Frauen gleichberechtigt, ihre Würde wird betont.

Wir wollen jeder patriarchalischen Struktur widerstehen, die Gewalt gegen Frauen rechtfertigt, und unsere Rolle in einer Gesellschaft festschreibt, in der die Arbeitskraft der Frauen und ihre Se-

xualität ausgebeutet werden. Besonders bedroht sind ausländische Flüchtlinge und Arbeiterinnen. Wir wollen allen Herrschaftsstrukturen widerstehen, die die spirituellen Beiträge von Frauen zurückweisen und ihnen die Mitwirkung an den Entscheidungsprozessen in der Gesellschaft verweigern.
Deshalb <u>verpflichten</u> wir uns jetzt, an einer neuen Gemeinschaft von Frauen und Männern zu bauen.

10. Segen

Es sollen gesegnet sein
die Völker aller Rassen, die Menschen aller Klassen.
Es sollen gesegnet sein
Himmel und Erde, Wolf und Lamm, Falke und Taube.
Es sollen gesegnet sein
Freund und Feind, damit sie Brüder werden und Schwestern.
Es sollen gesegnet sein
Schwarze und Weiße, damit sie Frieden schließen
und Freundschaft,
ein für alle mal.
Es sollen gesegnet sein
Christen und Kommunisten, Moslems und Hindus,
Heiden und Sektierer, damit sie eins werden vor Gott.
Es sollen gesegnet sein
die Stummen und die Blinden, die Klugen und die Dummen,
die Unwissenden und die Weisen
und die Weisheit Gottes preisen.
Gott segne Euch und uns,
und ihr sollt und wir sollen ein Segen sein für die bedrohte Welt
und die Menschen dieser Erde.

11. Lied: **Herr, gib uns deinen Frieden** (s.o., S. 29) *EG 436*

Grußwort

an die Versammlung zur Weiterführung des konziliaren Prozesses „Gerechtigkeit, Frieden und Bewahrung der Schöpfung" 1994 in Dresden:

„Wir, Bahá'i, Buddhisten, Christen, Hindus und Muslime von WCRP Stuttgart haben am 23.11.1994 bei unserem Treffen über die „Erklärung zum Weltethos – Die Deklaration des Parlamentes der Weltreligionen", Chicago 1993, gesprochen. Uns sind weitgehende Übereinstimmungen zwischen den Anliegen und Zielen der Weltethosbemühungen und des konziliaren Prozesses aufgefallen.

Wir regen an und hoffen, daß die Vertreter und Vertreterinnen beider religiöser Weltbewegungen in einen Dialog treten und ihre Weisheit gemeinsam zum Wohle der Menschheit versuchen, zu verwirklichen."

Siehe Dokumentation der Versammlung

4. 1996: Ökumene der Weltreligionen

Gebetsstunde im Rahmen des Ökumenischen Friedensgebetes, Hospitalkirche

Thema: **Ökumene der Weltreligionen**
Nach H. Zahrnt: „Mutmaßungen über Gott", Kapitel 8, modifiziert:
  „Vom Absolutheitsanspruch zum interreligiösen Dialog.
  Weltverantwortung – Ökumene der Weltreligionen".
  Piper, 1994.

Auf dem Weg zur 2. Europäischen Ökumenischen Versammlung, Graz 1997

Begrüßung   U. Börngen / M. Gaye
<u>3 Grunderfahrungen in der Welt</u>
  • Wir haben Gott klein gemacht, nach J. Hansen, Psalm 76
                                                 D. Prahl
  • Leiden   buddhistisch   H. Lauckner
  • Hoffnung   hinduistisch   Y. Putra
Lied: Freunde, daß der Mandelzweig
<u>4 Kriterien von Wahrheitsidentität</u>
  • Humanität   muslimisch   A. Demir
  • Authentizität   jüdisch   J. Barta, M.A.
  • Liberalität   christlich   U. Börngen
  • Spiritualität   Bahá'i   J. Manno
Gemeinsames Ökumenisches Friedensgebet
Lied: Herr, gib uns deinen Frieden

Anschließend besteht die Möglichkeit zum gemeinsamen Gespräch. Kollekte für interreligiöse Bosnienhilfe des Islamischen Kulturvereins, Stuttgart. Sie ergab 250,- DM.

Wir haben Gott klein gemacht

    Unsere Gehirne begrenzen sein Maß.
    Unser Urteil schalten wir ihm vor.
    Unser Wille weicht seiner Wahrheit aus.
    Unsere engen Herzen sperren ihn ein.
    Unsere Interessen machen ihn nützlich.

Wir haben Gott klein gemacht

    Unser Denken macht ihn zu Theologie.
    Unsere Gebete schreiben ihm Benehmen vor.
    Unsere Predigten reden an ihm vorbei.
    Unsere Liturgien machen ihn zur Legende.
    Unsere Frömmigkeit macht ihn bürgerlich.

Wir haben Gott klein gemacht

    Er paßt nicht in unsere Montagehallen.
    Er darf nicht entscheiden in den Redaktionen.
    Er soll nicht hineinreden in unsere Büros.
    Er darf nicht mitmischen in unseren Labors.
    Er soll nicht lehren in unseren Schulen.

Gott aber bleibt Gott

Gegen uns und so für uns. Namen machen ihn bekannt:
Herrlich, ewig, mächtig, furchtbar, schrecklich und gnädig ist er.
„Das Erdreich erschrickt und wird still, wenn Gott sich aufmacht zu richten,
daß er helfe allen Elenden auf Erden".
Gott sei Dank, daß er Gott bleibt, gegen uns und so für uns.
Johannes Hansen: Psalmmeditationen, Kawohl, Wesel, 1978, zu Psalm 76

Buddhas Mitleid

Weil der Erleuchtete die Menschheit in dem großen Meer
von Geburt, Tod und Sorge ertrinken sah
und sie zu retten sich sehnte –
    Deshalb ward er zu Mitleid bewegt.
Weil er die Weltkinder auf falschen Wegen irren sah

und niemanden, sie zu leiten –
Deshalb ward er zu Mitleid bewegt.
Weil er sie sich im Sumpfe ihrer Lüste wälzen sah,
in unbeherrschter Ausschweifung –
Deshalb ward er zu Mitleid bewegt.
Weil er sie an Besitz und Reichtum hängen sah,
ohne daß sie sich zu befreien gewußt hätten –
Deshalb ward er zu Mitleid bewegt.
Weil er sie Böses tun sah mit Hand, Zunge und Herz, –
oft empfangend die bitteren Früchte üblen Tuns –
Deshalb ward er zu Mitleid bewegt.
Weil er sah, daß sie den Durst übler Lüste gleichsam
mit salzigem Wasser löschten –
Deshalb ward er zu Mitleid bewegt.
Weil er sah, daß sie – wie sie sich auch nach Glück sehnten –
sich doch kein glückbringendes Karma schufen,
und daß sie – wie sie auch Schmerzen fürchteten – sich doch
schmerzbringendes Karma schufen –
Deshalb ward er zu Mitleid bewegt.
Weil er sie sich fürchten sah vor Geburt, Alter und Tod
und trotzdem Taten verrichten, die zu Geburt, Alter und Tod
führen –
Deshalb ward er zu Mitleid bewegt.
Weil er sie sich verzehren sah von den Flammen des
Schmerzes
und der Sorgen – ohne zu wissen, wie die stillen Wasser
des Samadhi zu finden seien –
Deshalb ward er von Mitleid bewegt, die Menschen zu lehren und sie aus dem Nichtwissen herauszuführen.

Aus dem Chinesischen Tripitaka

Hoffnung   aus hinduistischer Sicht
Eine wesentliche Grundlage der Hindu-Religion ist die Hoffnung. Wenn ein Mensch keine Hoffnung auf eine gute Zukunft haben kann, verliert das Leben an Bedeutung. Wenn
der Mensch an seinen Tod denkt, verliert sein Leben an

Wert. Die Hoffnung und der Glaube an Gott sind für Hindus eins. Nach der Hindulehre hat Gott fünf Aufgaben:

Leben schaffen	Leben bewahren
Gutes belohnen	Sünden verzeihen
Böses vernichten	

Das gibt Hindus Hoffnung und Sinn für ihr Leben.

Denn Gott enttäuscht einen Menschen nicht, wenn er sich voll Hoffnung an ihn wendet. Hindus glauben an die Wiedergeburt und hoffen im nächsten Leben eine bessere Stelle zu erreichen, wenn sie in diesem Leben Gutes tun.
Hindus glauben, daß das wahre Leben nur durch ein religiöses Leben zu erreichen ist und damit die Nähe zu Gott.
Hindus bringen Gott Opfer dar, um für sich materielle und spirituelle Gaben zu erbitten. Sie beten aber auch nur zum Lobpreis und zur Ehre Gottes. Für Hindus ist Gott wie ein persönlicher Freund, zu dem sie eine enge Beziehung pflegen und dem sie immer ganz nahe sein wollen. Sie tun alles, um ihm zu dienen und verbinden damit die Hoffnung, nach vielen Inkarnationen einmal mit ihm vereint sein zu können.
Das ist der eigentliche Sinn ihres Lebens.

--- o oo 0 oo o ---

Mahatma Gandhi hat das einmal so ausgedrückt:
Wenn jede Hoffnung geschwunden ist,
wenn Helfer versagen und Tröstung entschwindet,
mache ich immer wieder die Erfahrung,
daß mir irgendwie Hilfe zuteil wird,
ohne daß ich weiß, woher sie kommt.
Demütige Bitten, Andacht und Gebet sind kein Aberglaube.
Es sind Handlungen von größerer Realität
als Essen, Trinken, Sitzen oder Gehen.
Man übertreibt nicht, wenn man sagt,
sie allein seien wirklich und alles andere sei unwirklich.

Lied: **Freunde, daß der Mandelzweig** wieder blüht und
treibt,
ist das nicht ein Fingerzeig, daß die Liebe bleibt.
Daß das Leben nicht verging, soviel Blut auch schreit,
achtet dieses nicht gering in der trübsten Zeit.
Tausende zerstampft der Krieg, eine Welt vergeht.
Doch des Lebens Blütensieg leicht im Winde weht.
Freunde, daß der Mandelzweig sich in Blüten wiegt,
bleibe uns ein Fingerzeig, wie das Leben siegt.

EG 655

Gebet für alle Menschen
aus dem Hermannsburger Missionsblatt

Segne uns alle, allmächtiger Gott.
Wir brauchen deinen Segen, denn wir sind so verschieden
im Glauben, in der Farbe, in der Sprache.
Es ist manchmal so schwer, jeden so anzunehmen, wie er ist.
Wir tun uns auch schwer, die Art zu verstehen,
wie der andere lebt,
wie er reagiert, was er ißt.
Schenke uns allen Verständnis füreinander.
Gib uns den Mut, aufeinander zuzugehen.
Bewahre uns vor dem Fehler,
die Menschen in Gruppen einzuteilen.
Wir sind ja alle deine Kinder, Brüder und Schwestern,
eine Großfamilie, und wollen es auch bleiben.
Amen.

Beitrag der Muslime: Humanität
Der Islam verbietet jede Art von Unrecht und Übertretung gegenüber unseren Mitmenschen. Er verbietet allein schon ein Beneh-
men, das die Gefühle Andersdenkender verletzen könnte.

Religion schärft unser Gewissen in Nächstenliebe, Wohltätigkeit, Hilfsbereitschaft und Toleranz. Aufgrund dieser Intention wird Armut und Not gelindert und werden soziale Spannungen abgebaut.

Zu den ersten Eigenschaften eines religiösen Menschen gehören Güte und Wohlwollen gegen andere, Gerechtigkeit und Vergebung. Das Maß aller Dinge liegt im Glauben, ohne die Stütze „Gott" haben sie keinen Anschlag, kein Maß, keine Instanz. Die Folge ist Übertreibung und Untertreibung.

Dann heißt es doch so schön: Das beste Gesetz taugt nichts, solange der Mensch es nicht umsetzt.

Im Koran lesen wir:
„Frömmigkeit besteht nicht darin, daß ihr euer Gesicht nach Osten oder Westen wendet. Frömmigkeit besteht darin, daß man an Gott, den jüngsten Tag, die Engel, das Buch und die Propheten glaubt, daß man aus Liebe zu Ihm (zu Gott), den Verwandten, den Waisen, den Bedürftigen, dem Reisenden und den Bettlern Geld zukommen läßt und es für den Loskauf der Sklaven und Gefangenen ausgibt, und daß man das Gebet verrichtet und die Abgabe entrichtet ..."
Sure 2, Vers 177

Und Muhammed a.s.v. sagt:
„Wer sich der Menschen nicht erbarmt, dessen erbarmt sich Gott nicht." *Bukhari, Muslim*
„Wer sich anderen nicht erbarmt, wird keine Barmherzigkeit finden." *Bukhari*
„Niemand von euch glaubt wirklich, bis er seinem Bruder das wünscht, was er sich selbst wünscht." *Bukhari, Muslim*

Einmal sagten die Sahabin (die Lebensgefährten Muhammeds a.s.v.) zum Gesandten: „Oh Gesandter Gottes, du hast uns viel zu viel über Barmherzigkeit erzählt. Jetzt gehen wir mit unseren Frauen und Kindern auch barmherzig um.

Da aber sagte unser Prophet, weil das zu eng gedacht war:

Nein, ich meinte nicht nur, daß ihr gegenüber den Familienangehörigen weitherzig, wohlwollend und großzügig (barmherzig) sein sollt, sondern allen Menschen gegenüber."

Worte Muhammeds a.s.v. bei Ebu Zehre

Jüdischer Beitrag zu Authentizität

„Ich bin mit dir, und behüte dich, wohin du gehst, spricht der Herr", aus *1. Buch Mose, 28. Kapitel.*

Auf unserem Wanderweg brauchen wir dringend treue Begleiter. Das Beste bleibt Gottes Schutz und Gegenwart. Wo wir auch hinkommen, brauchen wir in der Tat den Schutz und die Gegenwart des Herrn, und wir erhalten sie auch, wenn unsere irdische Wanderung in Seinem Dienst steht und nicht nach unserer Lust und Laune ausartet.

Der gläubige Mensch betrachtet sich stets als ein Wanderer zwischen den Zeiten, sogar als Fremder überall, wo er zu leben vermag, denn sein eigentliches, wahres Zuhause findet er nur in Gott. Es mag sein, daß unsere Chancen und Aussichten in dieser Welt nicht so günstig erscheinen, wenn der Herr jedoch versprochen hat: „Ich behüte dich", dann kann uns keinerlei Gefahr Schaden antun. Dieses Versprechen gilt als unser Schutzschild, quasi ein Reisepass mit Ewigkeitscharakter auf all unseren Wanderwegen. Eine himmlische Leibwache überall auf der Welt.

„Ich bin mit dir und behüte dich, wohin du gehst", mit diesem göttlichen Versprechen verließ der Patriarch Jacob einst seine Heimat. Er war gar kein Abenteurer, dennoch mußte er fort. Aber nicht allein, Gott begleitete ihn auf seinen Wanderungen. Kein Fürst kann über eine bessere, gar vornehmere Begleitung verfügen. Als er draußen auf dem Feld abends müde von der Wanderung einschlief, bewachten ihn die Engel und Gott war selbst sein Gesprächspartner mitten in der Nacht.

Wenn Gott einmal uns auf den Weg schickt, unsere Lebensaufgaben anzupacken, freuen wir uns darauf, das segensreiche Geleit des Herrn wird auch uns gewiß, wie ER es einst dem Patriarchen Jacob versprochen hat.

/ Amen /

Christliche Gedanken zu Liberalität, Vorurteilslosigkeit, Offenheit, Ökumene im weiteren Sinn

nach Apostelgeschichte 10 – Die Kornelius-Geschichte
Nach: Ariarajah, S. Wesley: Die Bibel und die Andersgläubigen, Lembeck, 1994, S. 34-37

Die Kornelius - Geschichte,
eine Erzählung von der Begegnung zwischen Menschen verschiedener Religionen. Der Jude, Apostel Petrus, begegnet Kornelius, einem Ausländer, Hauptmann eines römischen Besatzungsregimentes.
Kornelius ist ein Nichtjude, ein sog. Heide, und trotzdem
Vers 2: „gottesfürchtig samt seinem ganzen Hause, und gab dem Volk viel Almosen und betete immer zu Gott".

- Gute Taten und Gebete, auch von einem Nichtchristen, werden von Gott gesehen und erhört (siehe auch Vers 4 und 31).

Und Kornelius hat eine Vision:
Vers 3: Ein Engel Gottes fordert ihn auf, Simon Petrus kommen zu lassen. Auch Simon Petrus hat eine Vision, eine sehr seltsame Vision:
Vers 10-15: Und er „geriet in Verzückung und sah den Himmel aufgetan und etwas wie ein großes leinenes Tuch herabkommen, an vier Zipfeln niedergelassen auf die Erde. Darin waren allerlei vierfüßige und kriechende Tiere der Erde und Vögel des Himmels. Und es geschah eine Stimme zu ihm: Steh auf, Petrus, schlachte und iß! Petrus aber sprach: O nein, Herr, denn ich habe noch nie etwas Verbotenes und Unreines gegessen. Und die Stimme sprach zum zweiten Mal: Was Gott rein gemacht hat, das nenne du nicht verboten."
Gleichnishaft wird Petrus vorbereitet auf die Begegnung, nachdem er von Gott über Kornelius gerufen wurde! Petrus hat sich also nicht irgendwie aufgedrängt. Normalerweise hätte Petrus das Haus des Kornelius nie betreten und dort

auch nichts gegessen. Und Petrus sagt dies auch, als er ins Haus des Kornelius kommt:
Vers 28: „Ihr wißt, daß es einem jüdischen Mann nicht erlaubt ist, mit einem Fremden umzugehen oder zu ihm zu kommen. Aber Gott hat mir gezeigt, daß ich keinen Menschen meiden oder unrein nennen soll."

- Der allmächtige Gott selbst spricht sich gegen jede Art von Überheblichkeit und Verurteilung anderer Menschen aus, denn

Vers 33: „Nun sind wir alle hier gegenwärtig vor Gott."

Und dann hört Petrus die Geschichte des Kornelius, wie Gott ihn erhört und seine Wohltätigkeit anerkannt hat, und darauf spricht Petrus sein zweites Bekenntnis:
Vers 34 und 35: „Nun erfahre ich in Wirklichkeit, daß Gott die Person nicht ansieht, sondern in jedem Volk, wer ihn fürchtet und recht tut, der ist ihm angenehm."

- Unerhört, der allmächtige Gott muß einen Christen, einen bedeutenden Christen, den Apostel Simon Petrus, und damit auch uns darauf hinweisen, daß Gott jede Person und jedes Volk, das ihn fürchtet und recht tut, nicht verwirft.

Die ganze Erzählung steht im Zusammenhang mit der Bekehrung des Kornelius <u>und</u> dem Wachsen des Petrus im christlichen Glauben. Petrus lernt, daß traditionelle Religionsgesetze nicht die Grenzen darstellen, innerhalb derer Gott wirkt. Sicher sind Religionsgesetze notwendig. Sie dienen der Identität und dem Zusammenhalt der jeweiligen religiösen Gemeinschaft. Kulturell und historisch geformt, können sie sich allerdings zum Problem entwickeln, wenn Religionsgesetze für allgemein gültig und absolut erklärt werden und Grenzen für Gottes Handeln darstellen. In der Geschichte christlicher Kirchen gibt es dafür viele Beispiele, z.B. das erlösende Handeln Gottes auf die Kirchen zu beschränken, nach der These: „Kein Heil außerhalb der Kirche".

Hier ist für uns Christen wichtig, daß selbst der Apostel Petrus eine Bekehrung erleben mußte, um Kornelius wirklich begegnen zu können und ihm von Jesus Christus erzählen zu können. So mußte auch Petrus lernen: Es ist nicht nötig, Gott zu fremden Menschen einen Weg zu bahnen. Gott hat einen direkten Zugang zu ihnen, ob wir dies wollen oder nicht.

Textauswahl aus Bahá'u'llahs Schriften zum Stichwort „Spiritualität"

„Die Absicht Gottes bei der Erschaffung des Menschen war und wird immer sein, ihn zu befähigen, seinen Schöpfer zu erkennen und in Seine Gegenwart zu gelangen. Diesen höchsten Zweck, dieses erhabenste Ziel bezeugen alle himmlischen Bücher und die göttlich offenbarten, inhaltsschweren Schriften unzweideutig." (1)

„Wenn Gott Seine Propheten zu den Menschen sendet, ist Seine Absicht eine zweifache. Die erste ist, die Menschenkinder aus dem Dunkel der Unwissenheit zu befreien und sie zum Lichte wahren Verstehens zu führen, die zweite, den Frieden und die Ruhe der Menschheit zu sichern und alle Mittel bereitzustellen durch die beides erreicht werden kann." (2)

„Durch die Lehren dieser Sonnen der Wahrheit wird jeder Mensch fortschreiten und sich entwickeln, bis er die Stufe erreicht, auf der er alle in ihm verborgenen Kräfte offenbaren kann, mit denen sein innerstes, wahres Selbst begabt worden ist." (3)

„Ehrlichkeit, Tugend, Weisheit und ein heiliger Charakter gereichen dem Menschen zur Ehre, während ihn Unredlichkeit, Schwindel, Unwissenheit und Heuchelei in Erniedrigung stürzen ... Nicht im Schmuck und Reichtum liegt des Menschen Adel, sondern im tugendsamen Verhalten und wahrem Verständnis." (4) .

„Er muß allezeit sein Vertrauen in Gott setzen ... Nie darf er sich über einen anderen erheben wollen, jede Spur von Stolz und Dünkel muß er von der Tafel seines Herzens waschen ... Auch sollte er üble Nachrede als schwere Verirrung betrachten und sich von ihrem Einfluß fernhalten, denn üble Nachrede verlöscht das Licht des Herzens und erstickt das Leben der Seele. Er sollte sich mit weni-

50

gem begnügen und frei von allem ungehörigen Begehren sein ... Er sollte dem Besitzlosen beistehen und dem Notleidenden niemals seine Gunst versagen. Er sollte gütig sein zu den Tieren, wie viel mehr zu seinem Nächsten, der mit der Macht der Sprache begabt ist ... Er sollte für andere nicht wünschen, was er für sich selbst nicht wünscht, und nicht versprechen, was er nicht hält ... Er sollte dem Sünder verzeihen und niemals dessen niedrigen Zustand verachten, denn niemand weiß, wie sein eigenes Ende sein wird." (5)
„O Gott! Was immer Du Deinen Dienern als Pflicht auferlegt hast, damit sie Deine Majestät und Herrlichkeit aufs höchste preisen, ist nur ein Zeichen Deiner Gnade für sie, auf daß sie fähig werden, zu der Stufe aufzusteigen, die ihrem eigenen innersten Wesen verliehen wurde, der Stufe der Erkenntnis ihres eigenen Selbstes." (6)
Bahá'u'lláh: Ährenlese 153:6 (1), 34:5 (2), 27:5 (3), 125:2-3 (5), 1:5 (6), Botschaften 6:4 (4)

Ökumenisches Friedensgebet

Barmherziger Gott, Schöpfer und Bewahrer,
Du Freund des Lebens!
Sieh an das Elend des Krieges und das entsetzliche Leiden.
Wir bitten Dich für die Menschen im ehemaligen Jugoslawien,
für die Soldaten auf allen Seiten und für die Zivilisten,
für die Kinder und für die Alten,
für alle, die jetzt auf der Flucht sind,
und in Angst gefangen vor tückischen Waffen.
Alle, die wollen: Gott, erbarme Dich Deiner Geschöpfe
und hilf uns, das Grauen des Krieges zu beenden.

Wir bitten Dich für Himmel und Erde, Deine Geschöpfe,
für Pflanzen und Tiere, Luft und Wasser.
Laß Deine Erde nicht verstrahlt zurückbleiben,
nicht Brände den Himmel verdunkeln,
nicht Gift den Boden verseuchen, Dein Geschenk zum Leben.
Alle, die wollen: Gott, erbarme Dich Deiner Geschöpfe

und hilf uns, das Grauen des Krieges zu beenden.

Wir bitten Dich für Israel, Dein Volk.
Laß Frieden ausgehen von Zion und Heil von Jerusalem.
Wir bitten Dich für die arabischen Völker
und für das palästinensische Volk,
daß sie in Frieden miteinander wohnen.
Wir bitten Dich, daß Juden, Christen und Muslime
sowie Hindus, Buddhisten zusammenfinden
auf dem Weg zu einem gerechten Frieden.
Alle, die wollen: Gott, erbarme Dich Deiner Geschöpfe
und hilf uns, das Grauen des Krieges zu beenden.

Wir bitten Dich für alle Menschen,
die jetzt besonders Verantwortung tragen:
für die Politiker, Diplomaten und die religiösen Führer.
Laß sie zu gewaltfreien Mitteln der Konfliktlösung finden,
mache sie bereit zu Kompromissen.
Laß sie nicht vor einer Politik der Gewalt kapitulieren.
Laß die Drohreden verstummen,
und gib der Vernunft eine Chance.
Alle, die wollen: Gott, erbarme Dich Deiner Geschöpfe
und hilf uns, das Grauen des Krieges zu beenden.

Wir bitten Dich auch für uns selbst.
Mach uns zu Werkzeugen Deines Friedens.
Du hast Frieden verkündet
und Versöhnung eröffnet für alle Menschen.
Du willst, daß wir den Krieg verlernen,
daß Schwerter zu Pflugscharen werden.
Hilf uns, daß wir zu einer Friedensordnung finden
und die Völker ihre Konflikte nicht mit Gewalt austragen.
Alle, die wollen: Gott, erbarme Dich Deiner Geschöpfe
und hilf uns, das Grauen des Krieges zu beenden.

Mach uns bereit, die Güter dieser Erde zu teilen.
O komm, und erneuere die ganze Schöpfung.
Amen.

Lied: **Herr, gib uns deinen Frieden** (s.o. S. 29) EG 436

Pressemitteilung vom 26.2.1996
Beide Veranstaltungen, Hospitalhof Stuttgart, Evangelisches
Bildungswerk, „Vom Absolutheitsanspruch zum interreligiösen
Dialog - Das Netzwerk Christentum inmitten der Weltreligio-
nen", Dr. theol. Heinz Zahrnt, Soest, am 24. April 1996, und
Hospitalkirche Stuttgart, Gebetsstunde der Religionen für den
Frieden, Thema: „Ökumene der Weltreligionen" im Rahmen des
Ökumenischen Friedensgebetes Stuttgart, am 5. Mai 1996, ste-
hen in engem thematischen Zusammenhang und gewinnen unter
drohenden fundamentalistischen Entwicklungen sowohl gesell-
schaftlich wie auch religiös zunehmend größte Aktualität und
Bedeutung. H. Zahrnt gehört zu den bekanntesten theologischen
Schriftstellern unserer Zeit. Er war 25 Jahre lang theologischer
Chefredakteur des Deutschen Allgemeinen Sonntagsblattes und
auf den Deutschen Evangelischen Kirchentagen seit Jahrzehnten
ein überaus geschätzter und beachteter Referent. Biblisch fundiert führt exemplarisch sein Lebens- und Denkweg zu einer
christlichen Theologie, die „nur noch als **oekumenische Theologie im Horizont der Weltreligionen**" gesehen werden kann.
Weltverantwortung im Zeichen der „Oekumene der Weltreligionen" stellt H. Zahrnt unter das Bekenntnis von Mahatma Gandhi:
„Ich glaube an die fundamentale Wahrheit aller großen Religionen der Welt. Ich glaube, daß sie alle Gottgegeben sind. Und ich
glaube, daß jede von ihnen notwendig war für das Volk, in dem
sie offenbart wurde."
In der Gebetsstunde wollen wir versuchen, im Sinne einer
„Ökumene der Weltreligionen" uns zu besinnen und zwischen
sechs Weltreligionen Brücken zu schlagen, frei nach H. Zahrnt,

zu den Themen Leiden, Hoffnung, Humanität, Authentizität, Liberalität und Spiritualität.

Kaden, Kathinka: *„Höflicher Streit"*, *in: OK Offene Kirche Informationen, Evangelische Vereinigung in Württemberg, Juni 1996, S. 20*
(mit einer redaktionellen Ungenauigkeit: Den zwei „Grunderfahrungen in der Welt" laut Heinz Zahrnt – Leiden und Hoffnung – <u>haben wir</u> zusätzlich vorangestellt unsere zentralste postmoderne Welterfahrung: „Wir haben Gott klein gemacht" – nicht „Kleinmachen der Welt"!)

Seit sieben Jahren lädt die Stuttgarter Weltkonferenz der Religionen für den Frieden (World Conference on Religion and Peace, WCRP) zu einer Gebetsstunde der Religionen für den Frieden ein. Im Rahmen des Ökumenischen Friedensgebetes hat sie auch dieses Jahr Anfang Mai in der Stuttgarter Hospitalkirche stattgefunden. Thema: „Ökumene der Weltreligionen". Vertreterinnen und Vertreter der verschiedenen Religionen gestalteten gemeinsam den Abend: Judit Manno (Bahá'i), Hedwig Lauckner (Buddhistin), Ulrich Börngen, Dorothea Prahl, Frau Henning (Christen), Yoganathan Putra (Hindu), Dr. Johannes Barta (Jude), Ali Demir (Moslem).
Die Ökumene der Weltreligionen würden Christinnen und Christen, so Dr. Ulrich Börngen in seiner Einführung, als wichtigen Beitrag auf dem konziliaren Weg in Deutschland zur Ökumenischen Versammlung im Juni sowie zur 2. Europäischen Versammlung 1997 in Graz (Österreich) verstehen. Wegweisend sei ihnen dabei Heinz Zahrnts Buch „Mutmaßungen über Gott", nach dem es drei Grunderfahrungen in der Welt gebe:
1.   Kleinmachen der Welt,
2.   Leiden und
3.   Hoffnung.

Die Religionen müßten sich im interreligiösen Dialog und „höflichen Streit" um den Wahrheitsanspruch messen lassen an den vier Kriterien von Humanität, Authentizität, Liberalität, Spiritualität.

Entsprechend war die Gebetsstunde aufgebaut. Und beinahe wäre auch viel württembergische religiöse Prominenz dagewesen:

Der katholische Bischof Dr. Walter Kasper zum Beispiel ließ schreiben:

„Der Herr Bischof hat sich über ihre Einladung zur Gebetsstunde der Religionen für den Frieden am 5. Mai sehr gefreut. Der Herr Bischof läßt Ihnen mitteilen, daß er die vielfältigen Aktivitäten der WCRP Stuttgart mit großem Interesse verfolgt und darin einen wichtigen Beitrag zur Verständigung der Weltreligionen sieht. Um so mehr bedauert es der Herr Bischof, daß er durch anderweitige terminliche Verpflichtungen daran gehindert ist, selbst an diesem Gebetstreffen teilzunehmen. Er wünscht allen Teilnehmern dieser Gebetsstunde Gottes reichen Segen und läßt ihnen ... seine herzlichsten Grüße übermitteln."

Vom Landesrabbiner der israelitischen Religionsgemeinschaft Württemberg, Joel Berger, kam folgendes Schreiben:
„Ihre Einladung ... freut und ehrt mich, gerne hätte ich sie angenommen. Leider ist dieser Termin bei mir aber schon lange fest verplant ... Ihr Programm verspricht aber auch ohne mich einen produktiven und gewinnbringenden Abend."

Schwierigkeiten signalisierte der Bischof der evangelischen Landeskirche, Eberhard Renz, und sagte ab. Doch sprach er sich für ein multireligiöses Gebet aus:
„Ich freue mich über alle friedlichen Begegnungen und ernste Gespräche zwischen Christen und Muslimen und Menschen anderer Religionen in der Welt − und auch in Württemberg. Wir müssen suchen, was wir gemeinsam haben, und wir müssen versuchen, einander unsere unterschiedlichen Standpunkte verständlich zu machen, wo wir gemeinsam etwas für den Frieden

zwischen Gruppen und Völkern tun können. Dafür ist es nicht nötig, bleibende Unterschiede zu verkleinern oder zu vertuschen. Für mein Verständnis gibt es einen großen Unterschied im Gottesverständnis. Für mich hat Gott sich im gekreuzigten Jesus Christus geoffenbart und gezeigt. Ich glaube nicht, daß Gläubige anderer Religionen diesen Zentralpunkt meines Glaubens teilen. Es wäre unehrlich, diesen tiefen Unterschied im Gottesbild zu verschweigen oder so zu tun, als sei diese Differenz nebensächlich. Ich freue mich, daß es Christen und Muslime und Gläubige anderer Religionen gibt, die aus der Tiefe ihres Glaubens gemeinsam für den Frieden in der Welt wirken wollen und die um diesen Frieden beten und bitten. Wo dies in der Form eines „multireligiösen" Gebetes geschieht, wo Christen und Muslime in deutlich abgesetzter Form nacheinander oder an verschiedenen Plätzen zur gleichen Zeit beten, kann dies ein deutliches Zeichen ihrer Verpflichtung sein. Wo allerdings versucht wird, ein „interreligiöses" Gebet zu organisieren, in dem alle wichtigen Unterschiede vertuscht werden, entsteht aus solch einem Bemühen bei vielen Menschen wohl eher Verwirrung und daraus folgend Streit und Ärger."

Ein religiöser Prominenter ließ sich das Kommen nicht nehmen, der islamische Geistliche Gaye von der Religionsgemeinschaft des Islam. Er sagte zur Begrüßung:
„Die erste Botschaft der Religion ist das Gebet und für die Menschen der Friede. Aufrichtiges Gebet verhindert und bewahrt uns vor schlechtem Tun. Deshalb bewirkt Religion nur Gutes. Religion als Argument für eine feindselige Haltung gegenüber anderen ist eine falsch verstandene Religion. Nur das Wissen um die eigene Religion und das Wissen um die eigene Religion der anderen verhindert einen Mißbrauch, fördert die Solidarität und gemeinsames Handeln zum Wohle aller. In diesem Sinne wünsche ich und bete ich für uns alle. Gott möge uns recht leiten und in unserem Bemühen für die Verständigung uns unterstützen."

56

5. 1997: Geschwisterlichkeit – Alle Menschen sind Bild Gottes

1. Orgelvorspiel
2. Begrüßung   Pater Hans Jeran SJ, Domkirche

                      U. Börngen

                      G. Dürr, Altstadtrat, AK Asyl

         Beiträge der

3. Bahá'i   S. Barz
4. Muslime   A .Demir
5. Christen   U. Börngen
6.   Lied: Herr, gib mir Mut zum Brückenbauen
7. Hindus   Y. Putra
8. Buddhisten   H. Lauckner

Anschließend besteht die Möglichkeit zum gemeinsamen Gespräch. Kollekte für „Arbeitskreis Asyl" Stuttgart: Hilfe für gefolterte Asylbewerber.

3. Bahá'i – Beitrag

O Herr, unser Gott!
Laß uns wie die Wogen eines Meeres und die Blumen eines Gartens vereint und einig sein durch die Freigebigkeit Deiner Liebe. O Herr! Weite uns das Herz mit den Zeichen Deiner Liebe und laß die ganze Menschheit zu Sternen werden, die vom selben Himmel der Herrlichkeit herniederstrahlen, zu vollkommenen Früchten, die an Deinem Lebensbaume wachsen.
Die Äußerung Gottes ist eine Lampe, deren Licht die Worte sind: Ihr seid die Früchte eines Baumes und die Blätter eines Zweiges. Verkehret miteinander in größter Liebe und Eintracht,

in Freundschaft und Brüderlichkeit. Er, die Sonne der Wahrheit, ist mein Zeuge! So mächtig ist das Licht der Einheit, daß es die ganze Erde erleuchten kann. Der eine wahre Gott, der alle Dinge kennt, bezeugt die Wahrheit dieser Worte.

'Abdu'l-Bahá

Wahrlich, Du bist der Allmächtige, der Selbstbestehende, der Geber, der Verzeihende, der Vergebende, der Allwissende, der eine Schöpfer. *Bahá'u'lláh*

4. Muslimischer Beitrag

Der Mensch als Geschöpf Gottes reflektiert im höchsten Maße die Namen Gottes. Der Mensch ist das Kunstwerk, an dem der Schöpfer und Kreator die Vollkommenheit und Schönheit seiner unbegrenzten Fähigkeiten im höchsten Maße manifestiert hat. Einer der Namen Gottes ist der Einzige, der Einmalige, und was er erschafft ist auch einzigartig und einmalig. So gleicht kein Mensch dem anderen. Kein Mensch gleicht dem vergangenen noch künftigen. Jeder Mensch ist einmalig und einzigartig.

Wie wertvoll sein Leben ist, verdeutlicht dieser Koranvers: ... „Wenn einer jemanden tötet, ohne daß er einen Mord oder eine Gewalttat im Land begangen hat, so ist es, als hätte er die Menschen alle getötet. Und wenn jemand ihn am Leben erhält, so ist es, als hätte er die ganze Menschheit am Leben erhalten."

Sure 5, 32

Die Menschen werden im Koran vielfach zu solidarischem Handeln aufgefordert, daß man aufeinander Rücksicht nimmt, aufeinander achtet und sich hilft.

Das Prinzip der gegenseitigen Unterstützung und Hilfe, der Solidarität und Gemeinschaft offenbart Gott uns auch in seiner Schöpfung, in der Natur.

Wenn wir in die Natur schauen, so können wir tatsächlich beobachten, daß im ökologischen Gleichgewicht, im Zusammenleben der Tiere dieses Prinzip vorherrscht und nicht Konkurrenz und ständiger Kampf. Das Leben besteht und existiert nur durch Solidarität, nicht durch Kampf.

Geschwisterlichkeit heißt auch als Prinzip im Leben, das Prinzip der gegenseitigen Hilfe zu wählen. Dadurch entsteht Solidarität und Zusammenhalt, wohingegen das Leben als Kampf zu betrachten, Konkurrenzdenken, Rivalität und Feindseligkeiten hervorruft.

Stärken wir in unseren Gemeinschaften das Barmherzigkeitsempfinden. Erbarmen, Mitgefühl, Liebe ist der Kitt des Universums.

„Vermeidet Unterstellungen. Bemüht euch nicht Fehler der Anderen zu sehen oder zu hören. Forscht nicht das Privatleben der anderen aus. Um weltliche Dinge und Vorteile wetteifert nicht in Gier. Klatscht nicht übereinander. Hasset einander nicht. Dreht euch nicht den Rücken zu.
Oh Menschen Gottes, werdet Brüder (Geschwister)!"
Muhammed a.s.v., berichtet bei Bukhari, Muslim, Ebu Dawud

„Die Gläubigen sind ja Brüder (Geschwister) ..."   *Sure 49, 10*

5. Christlicher Beitrag

Gott hat in seinem Heiligtum verkündet. „Die Erde ist des Herrn"
Doch anstatt einzustimmen in dieses Bekenntnis: Die Erde ist des Herren, des Schöpfers und Gebers aller guten Gaben, setzen wir uns an seine Stelle und verkünden:
Europa ist unser Kopfschutz und Helm; USA ist unser Szepter; Afrika wollen wir aufteilen; Lateinamerika vermessen; uns gehören Australien und die Pole; die Ölländer sind unsere Waschbecken; Irak ist uns Zielscheibe; Asien unser Markt. So haben wir Deine geliebten Freunde gebunden, an uns gefesselt.

Wer bringt uns wieder zurück auf den Weg zu Recht und Barmherzigkeit? Wer führt uns in Deine Gemeinde, wenn nicht Du? Rette Du uns vor dem Wahnsinn des Großmachtrauschs! Befreiung durch Menschen ohne Gott ist Wahn.
Mit Gottes Geist und Hilfe werden wir Taten vollbringen und bekennen:

Die Erde ist Gottes! und deshalb gehört sie allen.
Zu Psalm 60. Aus: Helmut Frenz: Dein Haus ist meine Zuflucht, Publik Forum, 1995

6. Lied: **Herr, gib mir Mut zum Brückenbauen**
1 Herr, gib mir Mut zum Brückenbauen, gib mir den Mut zum ersten Schritt. Laß mich auf deine Brücken trauen, und wenn ich gehe, geh du mit.
2 Ich möchte gerne Brücken bauen, wo alle tiefe Gräben sehn. Ich möchte hinter Zäune schauen und über hohe Mauern gehn.
3 Ich möchte gern dort Hände reichen, wo jemand harte Fäuste ballt. Ich suche unablässig Zeichen des Friedens zwischen Jung und Alt.
4 Ich möchte nicht zum Mond gelangen, jedoch zu meines Feindes Tür. Ich möchte keinen Streit anfangen; ob Friede wird, liegt auch an mir.
5 Herr, gib mir Mut zum Brückenbauen, gib mir den Mut zum ersten Schritt. Laß mich auf deine Brücken trauen, und wenn ich gehe, geh du mit.

EG 649

7. Hindu - Text

+++++>>>0<<<++++

Für Hindus sind nicht nur die Menschen ein Bild Gottes, sondern alle Lebewesen, bis hin zu ganz niederen Tieren und Pflanzen. Deshalb teilen sie auch ihre Nahrung mit den Mitmenschen und anderen Lebewesen. Bevor Hindus zu essen beginnen, legen sie von all ihren Speisen ein wenig auf' ein Pflanzenblatt, das dann zum Beispiel für die Vögel auf das Dach gelegt wird.
Diese Verbundenheit mit Gott und allen Geschöpfen drückt sich in dem folgenden Gebet aus:

Gebet der Hindus für alle Lebewesen

Mögen Götter, Menschen, Tiere, Vögel, Heilige, Schlangen, Dämonen, Geister, Bäume − alle, die nach Nahrung verlangen, die von mir gegeben wird, mögen Ameisen, Würmer, Motten und andere Insekten, ausgehungert und durch die Fesseln ihrer Taten gebunden, mögen alle gesättigt werden durch die Nahrung, die ich ihnen überlasse, und sie glücklich genießen!

Mögen die, die weder Vater noch Mutter, weder Verwandte noch Nahrung haben, noch die Mittel, sie sich zu bereiten, befriedigt werden und ihr Gefallen haben an der Nahrung, die ihnen zur Freude geboten wird! Insofern sind alle Lebewesen und diese Nahrung und ich und Gott nicht voneinander unterschieden. Ich gebe daher zu ihrem Unterhalt die Nahrung, die eins ist mit dem Körper aller Geschöpfe. Mögen alle Lebewesen durch die von mir dargereichte Nahrung zu ihrer Freude und Wonne befriedigt werden!

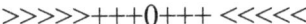

8. Buddhistischer Text

129. Die unglücklich sind in der Welt,
sie alle sind es durch das Verlangen nach eigenem Glück.
Die glücklich sind in der Welt,
sie alle sind es durch das Verlangen nach dem Glück
der anderen.

117. Wie du dich selbst vor Schmerz und Kummer schützen willst,
so sollst du der Welt gegenüber die Haltung des Schützens
und des Mitleids üben.

120. Wer das Selbst und die anderen retten will,
der möge sich diesem höchsten Geheimnis widmen:
dem Gleichsetzen des anderen mit dem Selbst.

137. Mit dem anderen bin ich verbunden. Versichere dich dessen, mein Geist.
Du darfst an nichts anderes denken als an das Wohl
aller Wesen.

90. Betrachte sorgfältig die Gleichheit des anderen
und des Selbst:
Alle haben das gleiche Leid und das gleiche Glück.
Ich muss sie beschützen wie mich selbst.

130. Wozu viele Worte?

Betrachte doch den Unterschied zwischen dem Toren, der seine eigenen Zwecke verfolgt,

und dem Weisen, der für die Zwecke anderer wirkt.

Wer den Erleuchtungsgeist zu entfalten wünscht,
der säe den Samen der Tugend:
ein großes mitfühlendes Herz, das sich sehnt, alle zu beschützen;
ein großes liebendes Herz, das sich sehnt, allen Gutes zu tun;
ein verstehendes Herz, das Zuneigung und Duldsamkeit weckt;
ein freies Herz, das sich sehnt, Hindernisse von anderen fernzu-
halten;   ein Herz, das das All erfüllt, unendlich und gewaltig wie
der Raum; ein reines Herz, das der Weisheit gehorcht.

Aus: Shäntideva: „Eintritt in das Leben zur Erleuchtung"
und dem „Avatamsaka-Sutra"

Aus dem **Informationsblatt der** (katholischen) **Domgemeinde St. Eberhard** Nr. 15,   14.9.- 28.9.1997

„Gebetsstunde der Religionen für den Frieden

Am Sonntag, 28. September, 20 Uhr, wird eine Gebetsstunde stattfinden. Sie steht unter dem aktuellen und herausfordernden Thema: „Geschwisterlichkeit − Alle Menschen sind Bild Gottes". Sie wird von der Gruppe WCRP Stuttgart (Weltkonferenz der Religionen für den Frieden) ausgerichtet, in diesem Jahr in Zusammenarbeit mit St. Eberhard und „Pro Asyl" Stuttgart. Folgende Religionen werden vertreten sein: Bahá'i, Buddhisten, Christen, Hindus, Juden und Muslime. Angestrebt wird ein spiritueller Beitrag zu dem von der UNO ausgerufenen „Jahr des Antirassismus" und zu dem vom Ökumenischen Rat der Kirchen für 1997 vorgesehenen „Ökumenischen Jahr der Kirchen" in Solidarität mit den Entwurzelten, als Kirche des Fremden. Alle Menschen sind − in geschwisterlicher Solidarität − herzlich eingeladen."

6. 1998: *Wie geben wir unseren Glauben weiter? – aus der Sicht verschiedener Religionen*

1. Flöte und Oboe, Geschwister Jelen
2. Begrüßung Ulrich Börngen
   M. Gaye, Oberster Geistlicher in Baden-Württemberg von den Religionsgemeinschaften des Islam

   Beiträge von
3. Buddhismus H. Lauckner
4. Bahá'i S. Barz
5. Christentum U. Börngen

6. Flöte und Oboe

7. Islam A. Demir
8. Hinduismus Y. Putra

9. Geist aus Gott D. Prahl
10. Flöte und Oboe

Anschließend besteht die Möglichkeit zum gemeinsamen Gespräch. Kollekte für die Hilfsorganisation „Muslime helfen" (im Kosovo). Sie betrug 121 DM.

3. Buddhas Mitgefühl

Weil der Erleuchtete die Menschheit in dem großen Meer von Geburt, Tod und Sorge ertrinken sah und sie zu retten sich sehnte
– deshalb ward er zu Mitgefühl bewegt.
Weil er die Weltkinder auf falschen Wegen irren sah und niemanden, sie zu leiten
– deshalb war er zu Mitgefühl bewegt.
Weil er sie sich im Sumpfe ihrer Lüste wälzen sah, in unbeherrschter Ausschweifung
– deshalb ward er zu Mitgefühl bewegt.

Weil er sie an Besitz und Reichtum hängen sah, ohne daß sie sich zu befreien gewusst hätten
– deshalb ward er zu Mitgefühl bewegt.
Weil er sie Böses tun sah mit Hand, Zunge und Herz – oft empfangend die bitteren Früchte üblen Tuns
– deshalb ward er zu Mitgefühl bewegt.
Weil er sah, daß sie den Durst übler Lüste gleichsam mit salzigem Wasser löschten
– deshalb ward er zu Mitgefühl bewegt.
Weil er sah, daß sie sich – wie sie sich auch nach Glück sehnten – doch kein glückbringendes Karma schufen, und dass sie sich – wie sie auch Schmerzen fürchteten – doch schmerzbringendes Karma schufen
– deshalb wurde er zu Mitgefühl bewegt.
Weil er sie sich fürchten sah vor Geburt, Alter und Tod und trotzdem Taten verrichten, die zu Geburt, Alter und Tod führen
– deshalb ward er zu Mitgefühl bewegt.
Weil er sie sich verzehren sah in den Flammen des Schmerzes und der Sorgen – ohne zu wissen, wie die stillen Wasser des Herzensfriedens zu finden seien
– deshalb ward er von Mitgefühl bewegt,
die Menschen zu lehren und sie aus dem Nichtwissen heraus zur Erkenntnis zu führen.

Aus dem chinesischen Tripitaka

4. Bahá'i – Beitrag

„Sei freigebig im Wohlstand und dankbar im Unglück. Sei des Vertrauens deines Nächsten würdig und blicke mit einem strahlenden und freundlichen Angesicht auf ihn. Sei ein Schatz für den Bedürftigen, ein Mahner für den Reichen, höre auf den Notschrei des Armen und wahre die Heiligkeit deines Versprechens. Sei gerecht in deinem Urteil und zurückhaltend in deiner Rede. Sei zu Niemanden ungerecht und erweise allen Menschen Milde. Sei eine Lampe für die, welche im Dunkeln wandeln, ein Freudenquell für die Bekümmerten, ein Meer für die Dürstenden, ein Hafen für die Gequälten, sei dem Opfer der Bedrückung eine Stütze und Verteidigung. Lasse Redlichkeit und Rechtschaffenheit Merkmale deiner Handlungen sein. Sei ein Heim für den Fremdling, Balsam für den Leidenden, ein Turm der Kraft für den Flüchtling. Sei das Auge für den Blinden und ein Leitstern den Füßen Irrenden. Sei eine Zier für das Angesicht der Wahrheit, eine Krone für die Stirn der Treue, eine Säule des Tempels der Ehrlichkeit, ein Atem des Lebens für den Körper der Menschheit, ein Banner der Heerscharen der Gerechtigkeit, eine Leuchte am Horizont der Tugend, ein Tautropfen für den Boden des Menschenherzens, eine Arche auf dem Meere der Erkenntnis, eine Sonne am Himmel der Güte, ein Edelstein am Stimmband der Weisheit, ein leuchtendes Licht am Himmel deiner Mitmenschen und eine Frucht am Baume der Demut."

Aus: „Ährenlese" von Baha'u'llah, Kap. 130, Bahá'i-Verlag, 6. Aufl., 1956

5. Christlicher Beitrag: Überfällig ist eine neue Evangelisierung

Diese neue Evangelisierung fußt mehr auf dem <u>Evangelium</u> als auf einer simplen Propagierung der kirchlichen Lehre. Sie lebt in Auseinandersetzung mit den Problemen der Volkskultur.
Angesprochen sind alle Kirchenmitglieder,
       die am Rande der Kirche Stehenden,
        aus der Kirche Ausgetretenen.
Es gehören dazu Arbeitslose und um ihren Arbeitsplatz
       sich Sorge machenden Menschen;
es geht um junge und ältere Menschen, um „Fremde", Behinderte,
       Obdachlose, um Prostituierte und Straßenkinder.

Notwendig ist ein Prozeß wechselseitigen Lehrens und Lernens, so daß die verschiedenen Dimensionen des menschlichen Lebens zum Tragen kommen, nämlich: Persönliches, Soziales, Verstand, Gefühlsleben, Kultur und Religion.

Denn in der biblischen Offenbarung besteht eine enge Verbindung zwischen dem Reich Gottes und der politisch-sozialen Sicht des Lebens und dem letzten Sinn der Geschichte.

Die neue Evangelisierung eröffnet eine neue Form des Kirchenseins: Fortan gelten Gemeinschaft, mögliche Mitwirkung aller und eine neue im Entstehen begriffene Gestalt der Christen. Diese neu entstehenden Christen und Christinnen handeln sowohl in der Gemeinde als auch in der Gesellschaft mit, sie sind solidarisch mit den Unterdrückten und engagieren sich für soziale Veränderungen.

Es geht weniger um den Aufbau religiöser Institutionen. Es geht vielmehr um das Heranreifen neuer Christen, die ihr Leben aus der trinitarisch-gemeinschaftsstiftenden Kraft des Heils gestalten und sich an der Nachfolge Jesu und an den Inspirationen des Geistes orientieren. Gefragt ist eine neue Spiritualität, die in den gottesdienstlichen Feiern neben den Geheimnissen des Glaubens auch die Kämpfe und Freuden der Gemeinde aufnimmt.

Gefragt ist ein neues Verhältnis der Kirche zur Welt. Es kommt nicht mehr auf das Bündnis mit den Mächtigen an, vielmehr verteidigt die Kirche die Rechte der Armen und schützt und fördert kompromißlos das Leben aller Gruppen, deren Leben bedroht ist.

Der Aufbau einer Menschheit des Zusammenlebens schließt auch ein demokratisches Miteinander aller ein, denn alle haben sich als Brüder und Schwestern zu achten. Diese Rücksicht umfaßt den ganzen Kosmos.

Die Christen sind nicht die einzigen, die auf dieser sog. „Baustelle" arbeiten. Zusammen mit anderen Söhnen und Töchtern Gottes stehen sie in demselben Licht, das allen Menschen leuchtet; sie sind von derselben Kraft beseelt, die alle bewohnt, und sie sind auf demselben Weg, der zum Vater führt.

Frei nach Leonardo Boff: Gott kommt früher als der Missionar –
Neuevangelisierung für eine Kultur des Lebens und der Freiheit,
Patmos, 1992, S. 143

Wir hören Gottes Wort   Matthäus 5, 40-45:

So jemand mit dir rechten will und deinen Rock nehmen, dem laß auch den Mantel. Und so dich jemand nötigt, eine Meile mit ihm zu gehen, so gehe mit ihm zwei.

Gib dem, der dich bittet, und wende dich nicht von dem, der dir abborgen will.

Ihr habt gehört, daß da gesagt ist: „Du sollst deinen Nächsten lieben und deinen Feind hassen".

Ich aber sage euch: Liebet eure Feinde; segnet, die euch fluchen; tut wohl denen, die euch hassen; bittet für die, so euch beleidigen und verfolgen,

auf daß ihr Kinder seid eures Vaters im Himmel; denn er läßt seine Sonne aufgehen über die Bösen und über die Guten und läßt regnen über Gerechte und Ungerechte.

Und **Micha 6, 8:**

Es ist dir gesagt, Mensch, was gut ist und was der Herr von dir fordert, nämlich Gottes Wort halten und Liebe üben und demütig sein vor deinem Gott.

7.   Beitrag aus dem Islam

Glauben an einen Gott ist nicht unverbindlich. Gott fordert den Gläubigen auf, nach der Religion zu handeln, sich der Vergänglichkeit der Erde bewusst zu werden und sich die Ewigkeit zu vergegenwärtigen. Die Menschen, die dir nicht egal sind, sollen wir auch auf diese Möglichkeit hinweisen. Glauben in der Gemeinschaft ist stärker, das wird im Islam besonders hervorgehoben.

Das gemeinsame Gebet zählt bei Gott um Vieles mehr. Damit diese Gemeinschaft entsteht, müssen die Gläubigen für ihre Religion werben. Religiöse Werte sind nicht anonym. Man muss sich danach orientieren und diese weiter geben. Es heißt nicht umsonst, wenn einer durch dich Weisheit erlangt, ist das besser für dich als alles andere Wertvolle. Für die Weitergabe musst du selbst deinen Glauben aufrichtig leben und deinen Pflichten Gott gegenüber nachkommen.

Heutzutage haben sich die Menschen weit von der Religion entfernt. Das geistige spirituelle Auge ist durch die materialistischen atheistischen Denkweisen trüb und blind geworden. Man hat verlernt zu glauben. Den Menschen sind die Glaubensangelegenheiten unverständlich geworden.

Die Tendenz und das Bedürfnis nach mehr Spiritualität, Religiosität ist jedoch unverkennbar vorhanden. Aber wo bleiben die zeitgemäßen Antworten auf die Frage nach Gott und dem Schöpfer? Denn in den Zweifeln an Gott und seiner Existenz bleiben die meisten Menschen haften.

Ohne Gott – Kein Glaube   ohne Glaube – keine Religion
und ohne Religion bleibt das Geheimnis des Universums verborgen.

Allein der Glaube an Gott ist eine hohe Bewusstseinsstufe und eine große Ehre und heißt bewusst werden seiner selbst und der Verantwortung gegenüber dem Universum. Religion und Glauben ist frohe Botschaft. Sie bringt Freiheit und öffnet Horizonte. Glauben erhebt den Menschen aus der instinktiven tierischen Ebene, dass er sich vervollkommnet. Statt Befriedigung seines Egoismus führt Religion ihn zu Humanität, geistiger Vervollkommnung und Befriedigung der erhabenen seelischen Sinnlichkeit.

Die Eigenschaften eines gläubigen Menschen sind: Aufrichtig sein, gute Taten hervorbringen, der Umgebung Vertrauen und Liebe geben und dafür arbeiten, dass sich diese schönen Eigenschaften verbreiten. Diese Eigenschaften werden nicht nur der Gesellschaft Wohlergehen bringen, sondern bedeuten auch Glück für die Ewigkeit.

Als der Gottesgesandte Muhammed einmal zwei Gefährten nach dem Jemen schickte, um die Menschen in die Glaubensdinge einzuweisen, gab er diesen dringlichen Ratschlag:
„Erleichtert, erschwert nicht, gebt frohe Botschaft, bringt Freude,
verursacht keinen Überdruss und keine Abneigung.
Verständigt euch, seid friedfertig, stiftet keinen Unfrieden."

Muslim

Wir müssen die Fesseln des Egoismus zerreißen und lernen, unsere Handlungen in Aufrichtigkeit um Gottes Willen zu tun. Diese

Gedanken möchte ich mit zwei Aussagen Muhammeds a.s. ab-
schließen. Muhammed a.s. sagt:
„Hass, Feindseligkeit, Unfrieden stiften vernichtet den Glauben."
„Der bei Gott unbeliebteste Mensch ist der, der hartnäckig den
Frieden ablehnt."

„Unser Gott, an Dich wenden wir uns um Hilfe,
Dich bitten wir um Vergebung.
Wir beten zu Dir, uns den rechten Weg zu weisen,
wir glauben an Dich und kommen reuig zu Dir.
Dir vertrauen wir, und Dich loben wir, oh Gott.
Demütigen und treuen Herzens danken wir Dir für Deine Güte.
Unser Gott, Dich allein beten wir an,
und zu Dir richten wir unsere Herzen.
Vor Dir verbeugen wir uns, und zu Dir eilen unsere Gedanken.
Und auf Deine Gnade vertrauen wir …"
Dieses Gebet ist Teil des Witr-Gebets.
(Die Muslime rezitieren es täglich beim Nachtgebet.)

8. Hinduistischer Beitrag

Von einem Wassertropfen, der auf glühendes Eisen fällt, ist keine Spur mehr zu erkennen. Derselbe Wassertropfen glänzt in
der Perlengestalt, wenn er sich auf dem Blatt einer Lotospflanze befindet.

Zu einer echten Perle wird er, wenn er in eine Meeresmuschel
gerät. So ist es auch mit niedrigen, mittelmäßigen und hohen
Eigenschaften: sie pflegen aus der Berührung mit anderen hervorzugehen.

Das Vorbild der Eltern ist deshalb für Hindus sehr wichtig.
Sie vermitteln ihren Kindern durch ihr eigenes, von der Religion bestimmtes Alltagsleben viele Berührungen mit dem Glauben und Gott. Sie geben ihren Glauben weiter, indem sie ihn
ihren Kindern intensiv und überzeugend vorleben.

Wesentlicher Bestandteil ist dabei die Toleranz gegenüber anderen Menschen und Religionen.

Dazu ein **Gebet von Vivekananda** (1862-1902),
einem Apostel des modernen Hinduismus:

Möge der, welcher „unser Vater" für die Christen ist,
Jehova für die Juden,
Allah für die Muselmanen,
Ahura Mazda für die Zarathustrier,
Aarhat für die Dschainas,
Buddha für die Buddhisten,
Brahma für die Hindus,
möge dieses allmächtige und allwissende Wesen,
das wir alle als Gott anerkennen,
den Menschen den Frieden geben,
und unsere Herzen in einer geistigen Bruderschaft vereinen.

GEIST AUS GOTT
lebendiges Feuer, Sturm und sanftes Säuseln,
komm, berühre uns, streiche über uns hinweg,
entzünde uns   erfülle uns   heile uns.
Du kennst unsere Schmerzen und Krankheiten,
dazu die Ohnmacht in der Magengrube,
die Ängstlichkeit des flachen Atems, die Enge der Hirne,
löse und belebe du alles.
Dir bringen wir unsere Erleichterung und den Dank dafür.
Dir bringen wir unsere Liebe.
Laß dir unser Werk gefallen, beflügele unseren Kampf
auf dieser Erde, bis wir dich schauen
von Angesicht zu Angesicht.

Aus der Satzung der Religionsgemeinschaft des Islam Baden-Württemberg über die Botschaft und Religion des Islam:
1.38. Allein das Bekenntnis zur Verantwortung vor Gott und der Schöpfung und das Praktizieren dieser Grundsätze ist entscheidend für geistige Größe und Frömmigkeit eines Menschen, die allein die Stellung und das Ansehen bei Gott bestimmt.

7. 1999: *Religionen – Salz der Erde*

Deutscher Evangelischer Kirchentag Stuttgart

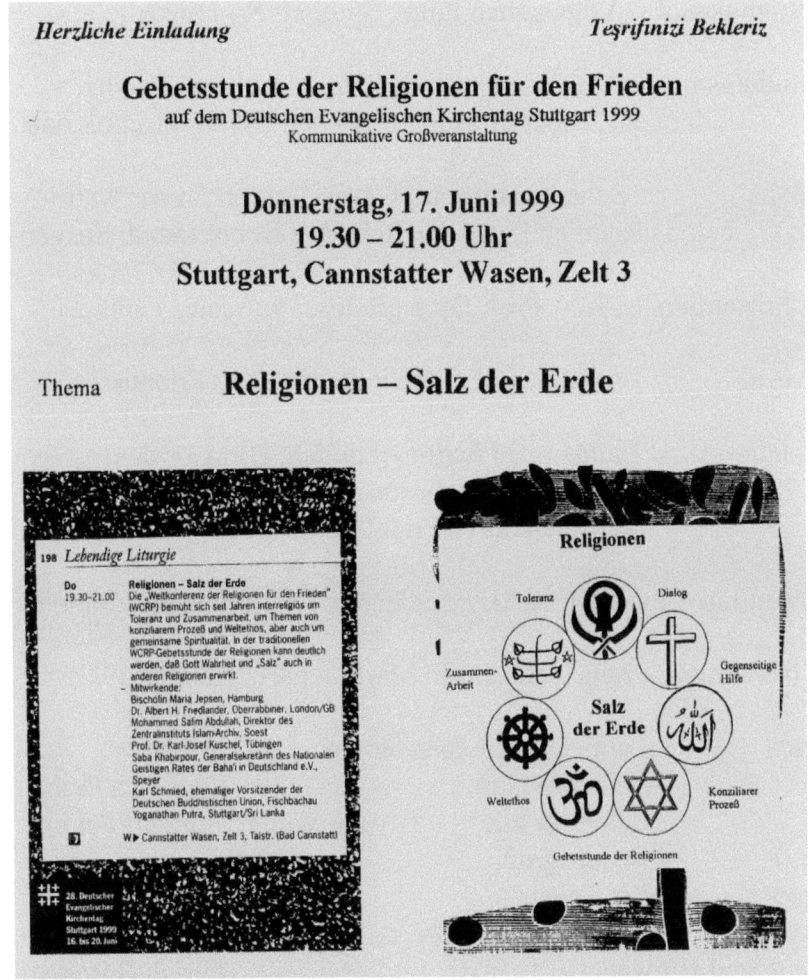

Herzliche Einladung   *Teşrifinizi Bekleriz*

Gebetsstunde der Religionen für den Frieden
auf dem Deutschen Evangelischen Kirchentag Stuttgart 1999
Kommunikative Großveranstaltung

**Donnerstag, 17. Juni 1999
19.30 – 21.00 Uhr
Stuttgart, Cannstatter Wasen, Zelt 3**

Thema   **Religionen – Salz der Erde**

Gebetsstunde unter Mitwirkung: Gruppe „Friends" , Hamburg/Nordhorn

1. Lied   „Brücke der Hoffnung"   Friends

2. Begrüßung   Ulrich Börngen
3. Lied   „Wo Menschen sich vergessen"   Friends

4.   „Wir haben Gott klein gemacht" Ulrich Börngen
5. Musik   instrumental „Going home"   Friends

6. Hinduismus   Yoganathan Putra, Stuttgart/Sri Lanka

7. Buddhismus   Amoghavajra Karl Schmied, ehem. Vorsitzender der Deutschen Buddhistischen Union, Fischbachau

8. Bahá'i   Saba Khabirpour, Generalsekretärin des Nationalen Geistigen Rates der Bahá'i in Deutschland, Speyer

9. Christentum, kath.   Prof. Dr. Karl-Josef Kuschel, Tübingen

10. Musik   instrumental „Free in love"   Friends

11. Islam   Mohammed Salim Abdullah, Direktor des
Zentralinstituts Islam-Archiv, Soest
Vertreten durch Frau Cäcilia Demir

12. Judentum   Prof. Dr. A. H. Friedlander, Oberrabbiner, London

13. Christentum, evang.   Bischöfin Maria Jepsen, Hamburg

14. Lied   „Laßt euch aufeinander ein"   Friends
15.   „Geist aus Gott"   Dorothea Prahl
16.   „Gebet für alle"   Yüyang Wang, Stuttgart/Peking
17.   Friedensgruß
18. Lied   „Ein Segen"   Friends
19. Grußwort   DEKT, Barbara Green, Washington − entfallen
20. Dank und Hinweise   Ulrich Börngen
21. Musik   Gospel-Medley   Friends
Anschließend besteht die Möglichkeit zum gemeinsamen Gespräch.
Kollekte für UNICEF. Sie ergab 1428 DM.

1. Lied: Text und Melodie: C.Everdiking
   (CDN **Brücke der Hoffnung**)
*Ref: Eine Brücke der Hoffnung bauen, Brücke aus Vertrau'n,
von mir zu dir und weit darüber hinaus.
Eine Brücke der Hoffnung bauen, über enge Grenzen
schau'n,
über Gräben der Trennung rüber geh'n.*

1. Wir Menschen leben oft nebeneinander
   sind uns nah und doch so fern.
   Und keine Chance, daß Freundschaft daraus wird.
   Weil Sprache Barriere ist, das Anders sein das 'Aus',
   dabei war's leicht aufeinander zuzugeh'n.

2. Behutsam bauen, Stein für Stein, füreinander offen sein,
   ein Wort, wo vorher Schweigen war. Eine Geste, ein
   Lächeln,
   die offene Hand zum Gruß. Ein Schritt, ein Baustein
   aufeinander zu.

3. Aus Fremden werden Freunde, Traum, der sich erfüllt,
   wenn Brücken der Hoffnung entstehn, Neue Wege
   geh'n,
   tolerier'n und versteh'n,   miteinander über Brücken
   geh'n.

3. Lied: **„Wo Menschen sich vergessen"**
1. Wo Menschen sich vergessen, die Wege verlassen
2. Wo Menschen sich verschenken, die Liebe bedenken
3. Wo Menschen sich verbünden, den Haß überwinden

1.-3.: und neu beginnen, ganz neu,
   da berühren sich Himmel und Erde, daß Frieden werde unter uns,
   da berühren sich Himmel und Erde, daß Frieden werde unter uns.
                    Aus: Gib der Hoffnung ein Gesicht, 1989

4. „Wir haben Gott klein gemacht"
   Johannes Hansen: Psalmmeditationen, Kawohl, Wesel, 1978
            zu Psalm 76, s.o., S. 42

6. Hinduismus

Ein Essen ohne Salz − es schmeckt nicht besonders gut. Wird es aber nicht nur mit Salz, sondern mit weiteren Gewürzen zubereitet, erhält es noch mehr Wohlgeschmack. Viele Gewürze kommen aus fernen Ländern mit anderen, eigenen Religionen. Nicht nur ihre Gewürze, auch die Andersartigkeit ihrer Religionen könnten wir als Würze für unsere eigene Religion sehen und uns davon anregen und bereichern lassen.

Hören wir einen Auszug aus einem alten Hindu-Gebet:

Gebet der Hindu aus Tulasi Dasas, 1623
Herr, schau auf mich hernieder; nichts vermag ich aus mir selbst.
Wo soll ich hingehen?
Wem kann ich meine Sorgen anvertrauen!
Manchmal wandte ich mich von Dir ab und griff nach Dingen dieser Welt.
Du aber, oh Born des Erbarmens, wende Dein Antlitz nicht von mir. Als ich nach der Welt blickte, fehlten mir die Augen des Glaubens, um Dich sehen zu können.
Du aber bist der alles Sehende.
Ich bin nur eine Opfergabe, niedergelegt vor Deine Füße.
Richte Dein Auge auf mich und gebiete über Deinen Knecht.
Denn der Name des Herrn ist eine sichere Zuflucht;
wer ihn ergreift, ist gerettet.
    Herr, Dein Walten erquickt mein Herz.

Aus kriegerisch-aktuellem Anlaß noch das Gebet eines Propheten um den Weltfrieden, aus der Frühzeit des Hinduismus:

Oh Gott,   laß der nötigen Dinge genug sein,
        damit alle Lebewesen ohne Sorgen leben können.
Oh Gott,   laß die Regierenden menschlich regieren,
        damit alle Menschen gleichwertig sein können.
Oh Gott,   laß die Welt ein religiöses Leben führen,
        damit die Weltbevölkerung Erlösung bekommen kann.

7. Buddhismus: Friedensgebet

Da sitzt er in seiner Schönheit auf einer Lotosblume, der erhabene Buddha, voller Festigkeit und Ruhe. Dein bescheidener Schüler formt ruhig und reinen Herzens eine Lotusblüte mit beiden Händen, er schaut dich an mit tiefem Respekt und spricht dieses Gebet aus tiefstem Herzen:

Ehre allen Buddhas der zehn Himmelsrichtungen.
Bitte habt Mitgefühl mit unserem Leid. Im Krieg ist unser Land. So geteilt, ist es ein Land der Tränen, des Fleisches und Blutes von jung und alt. Mütter weinen, bis ihre Tränen versiegen, während ihre Söhne auf fernen Schlachtfeldern verwesen. Die Schönheit unseres Landes ist zerstört, nur noch Blut und Tränen fließen hier. Brüder töten Brüder, weil man ihnen von außen etwas verspricht.

Ehre allen Buddhas der zehn Himmelsrichtungen.
In eurer Liebe zu allen Wesen, habt Mitgefühl zu uns. Helft uns, daran zu denken, daß wir eine einzige Familie sind, Norden und Süden. Helft uns, unser Mitgefühl und unsere Brüderlichkeit wiederzufinden und unser egoistisches Interesse zu verwandeln in liebevolle Akzeptanz für alle.

Möge euer Mitgefühl helfen, unseren Haß zu vergessen. Möge die Liebe der Bodhisattva Avalokiteshvara bewirken, daß wieder Blumen erblühen aus der Erde unseres Landes.

Demütig öffnen wir unsere Herzen vor euch, damit ihr uns helft, unser Karma zu wandeln und den Blumen unseres Herzgeistes Wasser zu geben. Helft uns mit eurem tiefen Verstehen, daß Licht in unseren Herzen werde.

Ehre dem Buddha Shakyamuni,
dessen große Hingabe und dessen Mitgefühl uns inspirieren.
Ich will nur noch Gedanken pflegen,
die Liebe und Vertrauen mehren,
will meine Hände nur benutzen,
wenn die Taten der Gemeinschaft dienen,
will nur Worte sprechen, die Harmonie und Hilfe bringen.

Möge das Verdienst dieses Gebetes zum Frieden werden
in der ganzen Welt.
Mögen wir alle beitragen zu dieser großen Hoffnung.

Aus: Thich Nhat Hanh: Nenne mich bei meinem Namen,
Theseus-Verlag

8. Bahá'i

Das Wort Gottes ist eine Lampe, deren Licht der Satz ist: Verkehrt miteinander in inniger Liebe und Eintracht, in Freundschaft und Verbundenheit. ... So machtvoll ist das Licht der Einheit, daß es die ganze Erde erleuchten kann. Der eine, wahre Gott, der alle Dinge kennt, bezeugt die Wahrheit dieser Worte.

Wenn der eine wahre Gott − gepriesen sei Seine Herrlichkeit − sich den Menschen offenbart, verfolgt Er das Ziel, die Edelsteine ans Licht zu bringen, die in den Gesteinsadern ihres wahren inneren Selbstes verborgen liegen. Daß den verschiedenen Gemeinschaften und mannigfachen Glaubenssystemen niemals erlaubt sein sollte, feindselige Gefühle unter den Menschen zu nähren, gehört an diesem Tage zum Wesen des Glaubens Gottes und Seiner Religion. Diese Grundsätze und Gesetze, diese fest begründeten, machtvollen Systeme entspringen einer einzigen Quelle und sind die Strahlen desselben Lichtes. Daß sie voneinander abweichen, ist den unterschiedlichen Erfordernissen der Zeitalter zuzuschreiben, in denen sie verkündet wurden.

Der ist wirklich ein Mensch, der sich heute dem Dienst am ganzen Menschengeschlecht hingibt. ... Selig und glücklich ist, wer sich erhebt, dem Wohle aller Völker und Geschlechter der Erde zu dienen. ... Es rühme sich nicht, wer sein Vaterland liebt, sondern wer die ganze Welt liebt. Die Erde ist nur ein Land und alle Menschen sind seine Bürger.

− *Gebet* −

O Du gütiger Herr! Du hast die ganze Menschheit aus dem gleichen Stamm erschaffen. Du hast bestimmt, daß alle der gleichen Familie angehören. In Deiner heiligen Gegenwart sind alle Deine Diener, die ganze Menschheit findet Schutz in Deinem Heiligtum. Alle sind um Deinen Gabentisch versammelt; alle sind erleuchtet vom Lichte Deiner Vorsehung,

O Gott! Du bist gütig zu allen, Du sorgst für alle, Du beschützest alle, Du verleihst allen Leben. Du hast einen jeden mit Gaben und Fähigkeiten ausgestattet, und alle sind in das Meer Deines Erbarmens getaucht.

O Du gütiger Herr! Vereinige alle. Gib, daß die Religionen in Einklang kommen und vereinige die Völker, auf daß sie einander ansehen wie eine Familie und die ganze Erde wie eine Heimat. O daß sie doch in vollkommener Harmonie zusammenlebten!

O Gott! Erhebe das Banner der Einheit der Menschheit. O Gott! Errichte den Größten Frieden. Schmiede Du, o Gott, die Herzen zusammen.

O Du gütiger Vater, Gott! Erfreue unsere Herzen durch den Duft Deiner Liebe. Erhelle unsere Augen durch das Licht Deiner Führung. Erquicke unsere Ohren mit dem Wohlklang Deines Wortes und beschütze uns alle in der Feste Deiner Vorsehung. Du bist der Mächtige und der Kraftvolle, Du bist der Vergebende und Du bist der, welcher die Mängel der ganzen Menschheit übersieht.

Aus: Ährenlese, Auswahl aus den Schriften Bahá'u'lláhs, Hofheim-Langenhain, Bahá'i-Verlag, 1980. Gebete, offenbart von Bahá'ulláh, Bab und ,Abdu'l-Bahá, Hofheim-Langenhain: Bahá'i-Verlag, 1996.

9. Christentum, römisch-katholisch:
Meditation über Abraham, Sara und Hagar

Abraham, Sara und Hagar stehen am Anfang. Sie stehen am Anfang in den drei Religionen, der des Judentums, des Christentums, des Islams. Und weil sie unsere geistigen Ahnen sind, sollten wir sie nicht vergessen. Wir sollten begreifen, daß alle drei, Abraham, Sara und Hagar, eine unverwechselbare Stimme haben: die Stimme des Vertrauens, die Stimme des Lachens und die Stimme des Schreiens und Weinens. Über Abraham, Hagar und Sara nachdenken heißt zugleich nachdenken über die Beziehung zwischen den drei sogenannten abrahamischen Religionen. Wir werden uns immer daran erinnern: Abraham, Sara und Hagar waren nicht Israeliten, nicht Muslime, nicht Christen, nicht Juden. Sie waren vor allen Religionen. Abraham, Hagar und Sara stehen am Anfang. Deshalb war vieles bei ihnen anders. Anders als bei den Israeliten, anders als bei den Christen, anders als bei den Muslimen, anders als bei den Juden. Abraham, Hagar und Sara haben als Glieder und als Väter und Mütter einer Familie gelebt. Die Familie war die ihr Dasein bestimmende Gemeinschaftsform. Eine die Familie übergreifende, weitere Gemeinschaftsform gab es für sie noch nicht. Sie gehörten weder einem Stamm an, noch gehörten sie einem Volk an, noch gehörten sie einer die Familie übergreifenden Religions- oder Kultgemeinschaft an …

Ihr Weg durch die Zeit war ein Leben mit Gott. Gott war in ihrem Leben das Notwendige, das Selbstverständliche. Gott gab ihrem Leben einen Sinn, Gott war mit ihnen. So elementar, so selbstverständlich, so notwendig war für sie diese Gottesbeziehung, daß sie einer gedanklichen Begründung nicht bedurfte, daß sie eines vom alltäglichen Leben gesonderten Kultes nicht brauchte, daß sie auf Theologen und Priester verzichten konnte. Wo es um Tod und Leben geht, haben die Theorien über Gott zu schweigen. Da gilt nur die Wirklichkeit Gottes. Darum war es auch eine Gottesbeziehung ohne Gegensätze. In den ganzen Geschichten von den Urvätern und Urmüttern gibt es keine Spur eines Gegensatzes gegen andere Religionen, gibt es keine Spur von Polemik gegen andere Religionen.

Abraham, Hagar und Sara haben ihr unverwechselbares Profil. Abraham steht für letztes Vertrauen in Gottes Verheißungen. Und dieses Vertrauen in Gott meint zugleich: Preisgabe aller gegebenen Traditionen, Exodus aus dem Vertrauten. Wir werden uns immer an den Beginn der Abrahams-Geschichte erinnern: „Und der Herr sprach zu Abraham: Zieh weg von deinem Land und von deiner Verwandtschaft und von deinem Vaterhaus in das Land, das ich dir zeigen werde." (1. Mose 12,1)

Und wir werden niemals vergessen das Lachen Saras, ein Lachen des Zweifels, als sie als alte Frau von Gottes Verheißung

hörte, sie würde noch ein Kind zur Welt bringen. Und ein Lachen der Freude, als das Kind, Isaak, schließlich geboren ist:
Nun aber sagte Sara: „Gott ließ mich lachen; jeder der davon hört, wird mit mir lachen." (1. Mose 21,6)
Und wir werden nicht vergessen die Schreie und die Tränen Hagars, als sie in die Wüste getrieben wird mit ihrem Sohn Ismael, dem Gründervater der arabischen Stämme, dem geistigen Gründer des Islam. Durch die Tränen Hagars und die Schreie Ismaels wurde der Islam möglich:
„Gott hörte den Knaben schreien; da rief der Engel Gottes vom Himmel her Hagar zu und sprach: Was hast du, Hagar? Fürchte dich nicht, Gott hat den Knaben dort schreien gehört, wo er liegt. Steh auf, nimm den Knaben und halte ihn fest an deiner Hand; denn zu einem großen Volk will ich ihn machen." (1. Mose, 21,17f.)
Das Vertrauen und der Segen Abrahams; das Lachen Saras, die Tränen Hagars: alle drei Ausdrucksweisen gehören zum Geheimnis der Beziehung zwischen Gott und uns Menschen.
Zur Vertiefung: K.-J. Kuschel, Streit um Abraham. Was Juden, Christen und Muslime trennt – und was sie eint. München 1994 (Serie Piper 2288).

11. Islam: Berufung von Gott

Herr, Du hast uns Deine Botschaft anvertraut und wir haben erkannt, daß Du der Herr aller Welten bist,
daß Du die Erde und das Universum und alles, was in ihm ist, hervorgebracht hast,
daß alles von Dir ausgeht und daß alles zu Dir zurückkehrt.
Wir haben Dich als den Einen Gott erkannt
und damit als den Herrn aller Menschen, gleich welcher Religion, Rasse, Hautfarbe, Sprachgemeinschaft oder Nationalität.
Wir glauben daher fest daran, daß Dein Heilswille alle Menschen umfaßt.
Herr, Du hast uns zu Deinen Knechten und Mägden berufen
und uns damit von der Herrschaft des Menschen über den Menschen

befreit. Wir haben erkannt, daß wir frei sind in unserem Angewiesensein auf Dich.

Herr, Du hast uns zu Deinen Stellvertretern in Deiner Schöpfung
eingesetzt und damit die Verantwortung für diese Erde und alles, was
in und auf ihr lebt, anvertraut: für die Tiere, die Vögel unter dem
Himmel, für die Schätze der Natur, die Pflanzen, die Wälder, für das
Wasser und für die Luft, die wir atmen.

Du hast an unserem Schöpfungstage Vertrauen in uns gesetzt,
Vertrauen darauf, daß wir nicht Unheil auf Erden stiften,
nachdem Du sie heil gemacht hast.

Du hast uns das Signum Deines Heils aufgedrückt und uns dadurch
zu Friedenstiftern berufen − der Zerstörung abgewandt.

Herr, Du hast uns den geraden Weg zu lebendigen Wassern gewiesen und uns geboten, nach Frieden zu streben:

Frieden mit Dir, Frieden mit uns selbst,
Frieden mit unseren Familien, Frieden mit unseren Nachbarn,
mit allen Menschen und mit der Natur, die Du uns anvertraut hast.

Gib uns, o Herr, daher den Mut und die Kraft,
unserer Berufung treu zu bleiben.

Herr, wir sind gewiß, daß Du uns an Deinem Ewigen Tage
nach all dem fragen wirst −

Wo ist die Erde, wo sind die Tiere und wo die Pflanzen,
wo sind die Menschen. die du um Meinetwillen geliebt hast?

Gib, o Herr, daß wir dann nicht beschämt vor Dir stehen müssen,
sondern uns Deiner Liebe freuen dürfen!

Gelobt sei Dein Heiliger Name.

Gott mahnt im Koran:

„O ihr Gläubigen, tretet alle ein in den Frieden und folgt nicht den
Fußstapfen Satans; wahrlich, er ist euch ein offenkundiger Feind".

Aus einem zeitgenössischen Friedensgebet von M. Salim Abdullah

12. Judentum: Micha 4, 1-5

Geschehn wirds in der Späte der Tage:
der Berg SEINES Hauses ist festgegründet zuhäupten der Berge,
er ist über die Hügel erhaben, auf ihn zu werden Völker strömen,

hingehn Stämme in Menge, sie werden sprechen
„Laßt uns gehn, aufsteigen zu SEINEM Berg
und zum Haus von Jaakobs Gott,
daß er uns weise in seinen Wegen, daß auf seinen Pfaden wir
gehn!
Denn Weisung fährt von Zion aus, von Jerusalem SEINE Rede.“

Richten wird er dann zwischen der Völkermenge,
ausgleichen unter mächtigen Stämmen bis in die Ferne hin:
ihre Schwerter schmieden zu Karsten sie um, ihre Speere zu Win-
zerhippen,
nicht heben sie mehr Stamm gegen Stamm das Schwert,
nicht lernen sie fürder den Krieg,
sondern sie sitzen jedermann unter seinem Rebstock,
unter seinem Feigenbaum, und keiner scheucht auf,
denn SEIN, des Umscharten, Mund hat geredet.

Mögen denn alle Völker noch gehn
jeder im Namen seines Gottes,
w i r , aber gehn
in SEINEM, unseres Gottes Namen
auf Weltzeit und Ewigkeit.
Aus: Die Schrift, verdeutscht von Martin Buber, gemeinsam
mit Franz Rosenzweig, Lambert Schneider, 1997

13. Christentum, evangelisch

Von den Religionen wird in diesen Tagen viel erwartetet:
ihr Wort zu Freiheit und Gerechtigkeit, ihr Einsatz für den Frieden, ihr Beitrag zum Bewahren der Schöpfung sind gefragt.
Wir wenden uns an sie mit Sorgen und Ängsten, Hoffnungen und
Freude. In den Religionen finden Bekenntnis, Zeugnis und Wi-
derspruch zu unserer Kultur Ausdruck. Sie können das Salz sein,
das wir zum Leben brauchen.

So bete ich:
nach einem Gebet von Janet Morley, Christian Aid
Du, Gott,

du Quelle unseres gemeinsamen Lebens, wenn wir ausgetrocknet und zerschlissen sind, wenn wir zerstritten und allein sind, sehnen wir uns nach Nähe, sehnen wir uns nach Gemeinschaft.
Atem Gottes, hauche uns an.

Zusammen mit denen, die Seite an Seite mit uns leben, die uns doch fremd sind, denen nahe zu kommen wir Angst haben, sehnen wir uns nach Nähe, sehnen wir uns nach Gemeinschaft.
Atem Gottes, Heiliger Geist, hauche uns an.

Zusammen mit denen, von denen wir nur gehört haben, die die Welt mit anderen Augen sehen und deren Kämpfe und Freuden wir uns vorzustellen versuchen, sehnen wir uns nach Nähe, sehnen wir uns nach Gemeinschaft.
Atem Gottes, Geist von Gottes Geist, hauche uns an.

Zusammen mit denen, die wir nie kennenlernen werden, deren Leben aber mit unserem verbunden ist durch die Erde und die Luft, sehnen wir uns nach Nähe, sehnen wir uns nach Gemeinschaft.
Atem Gottes, Geist Jesu Christi, hauche uns an.

Daß unser Herz offen sei,
daß es dich nicht kleiner macht, der du größer bist,
daß es dich nicht enger macht, der du weiter bist,
daß es dich nicht ferner macht, der du näher bist,
daß wir uns wundern können über dich und deine Schritte,
die du mit uns gehst, daß wir uns freuen können mit dir,
über die Vielfalt um uns,
daß wir weinen können mit dir, und unsere Tränen zum Salz werden.

14. Lied: „**Laßt euch aufeinander ein**"
Text und Melodie: Wilfried Büscher
Ref: Laßt euch aufeinander ein, laßt uns Friedensstifter sein,
Grenzen öffnen, Mauern abbau'n, Liebe schenken, Brücken
bau'n.

1. Einmal mehr den anderen verstehen,
   auf den anderen zuzugehen.
   Wieder einen Schritt zum Frieden wagen
   und die Liebe im Herzen tragen.
2. Bringt ein Licht in die Dunkelheit,
   sucht nach Versöhnung und nicht nach Streit.
   Wagt es, die Welt mit offenen Augen zu sehen,
   einander Hoffnung und Leben geben.
3. Lernt für einander verantwortlich zu sein.
   ladet Fremde zur Freundschaft ein.
   Versucht keine Mißgunst auszusäen,
   ihr werdet lernen zu verstehen.

15. „Geist aus Gott"

Geist aus Gott
lebendiges Feuer, Sturm und sanftes Säuseln,
komm,
berühre uns, streiche über uns hinweg, entzünde uns,
erfülle uns, heile uns.
Du kennst unsere Schmerzen und Krankheiten,
dazu die Ohnmacht in der Magengrube,
die Ängstlichkeit des flachen Atems, die Enge der Hirne,
löse und belebe du alles.
Dir bringen wir unsere Erleichterung und den Dank dafür.
Dir bringen wir unsere Liebe.
Laß dir unser Werk gefallen,
beflügele unseren Kampf auf dieser Erde
bis wir dich schauen von Angesicht zu Angesicht.

16. GEBET FÜR ALLE MENSCHEN

(aus dem Hermannsburger Missionsblatt)
Segne uns alle, allmächtiger Gott.
Wir brauchen Deinen Segen, denn wir sind so verschieden
im Glauben, in der Farbe, in der Sprache.
Es ist manchmal so schwer, jeden so anzunehmen, wie er ist.
Wir tun uns auch schwer, die Art zu verstehen,
wie der andere lebt, wie er reagiert, was er ißt.

Schenke uns allen Verständnis füreinander.
Gib uns den Mut, aufeinander zuzugehen.
Bewahre uns vor dem Fehler,
die Menschen in Gruppen einzuteilen.
Wir sind ja alle Deine Kinder, Brüder und Schwestern,
eine Großfamilie, und wollen es auch bleiben.

18. Lied: „**Ein Segen**"

Text: A. Büssing, Melodie: R. Horn

Einen Mund, ein gutes Wort zu sprechen,
und zwei Hände, die zärtlich sind beim Handeln;
und zwei Ohren, die offen sind für Leises,
und ein Herz, das Platz hat für die Liebe.
Und zwei Augen, zu sehen Gut und Böse,
und zwei Füße, den Weg nach Hause finden,
einen Menschen, der dir wird zur Heimat und Vertrauen,
daß du geborgen bist.

Unser Resümee für die Presse lautete z.B.

Auf dem Weg zu einer Oekumene der Weltreligionen
– Tausend Teilnehmer bei einer „Gebetsstunde der Weltreligionen" in Stuttgart.
Aus: Pro Ökumenischer Informationsdienst Nr. 4/1999, S. 10

Die Gebetsstunde im Zelt 3 auf dem Cannstatter Wasen wurde eröffnet mit einem aktuellen Wort aus den Herrnhuter Losungen, Psalm 66,20: Gelobt sei Gott, der mein Gebet nicht verwirft noch seine Güte von mir wendet. Dies haben wir in der jahrelangen Vorbereitung und in der Durchführung der Gebetsstunde in voller Tiefe erfahren.

Dem Antrag von WCRP Stuttgart, Weltkonferenz der Religionen für den Frieden, auf eine „Gebetsstunde der Religionen" hat das Präsidium des DEKT dankenswerterweise eine Zusage erteilt und eine kommunikative Großveranstaltung vorgesehen. Diese bemerkenswerte Unterstützung kirchlicher und religiöser Basis kann nicht groß genug hervorgehoben werden, zumal selbst von WCRP auf Bundesebene offiziell das Angebot einer Gebetsstun-

84

de u.a. auch aus dogmatischen Gründen als „nicht sinnvoll" angesehen wurde.

WCRP Stuttgart ist dankbar darüber, daß zum kirchentagslosungsadaptierten Thema: „Religionen – Salz der Erde", bedeutende Repräsentanten verschiedener Religionen ihre Mitwirkung spontan zugesagt haben: Bischöfin M. Jepsen, Hamburg, Oberrabbiner Dr. A. Friedlander, London, die Generalsekretärin der Bahá'i in Deutschland, Frau S. Khabirpour, und der ehemalige Vorsitzende der Deutschen Buddhistischen Union, K. Schmied. Insgesamt waren sechs Religionen beteiligt. Es war uns ein besonderes Anliegen, daß das Christentum ausnahmsweise evangelisch und auch katholisch, hier durch Prof. Dr. Karl-Josef Kuschel, Tübingen, vertreten wurde. In der flankierenden Liturgie kam darüber hinaus im Sinne einer kleinen Ökumene ein Vertreter aus koptisch-orthodoxer Tradition zu Wort.

Die Gebetstexte, im Rahmen sogenannter multireligiöser Gebete, und Meditationen haben uns alle tief beeindruckt. Besonders wertvoll erwies sich die inhaltlich unterstützende und motivierende Beteiligung durch die Musikgruppe „Friends" aus Hamburg unter der Leitung von C. Everdiking, Generalvikariat. Insgesamt dürften rund 1000 Personen anwesend gewesen sein. Die Kollekte ergab 1428,- DM. Wir hatten sie für das religiös neutrale Engagement von Unicef für Kinder in aller Welt festgelegt. Abschließend galt der Dank und Gottes Segen allen Mitwirkenden und auch denen, die, aus welchen Gründen auch immer, eine Beteiligung abgelehnt hatten. Nicht zuletzt gebührt Dank auch dem Stadtdekanat Stuttgart für den Druck von 1000 Programmen.

Das Presseecho im „Evangelischen Gemeindeblatt für Württemberg" und in „Die Kirche" empfinden wir als adäquat.

Hoffnung auf weitere wichtige Schritte ergab die perspektivische Auswertung des Kirchentages durch das Regionalbüro Kirchentag 1999 im Rahmen eines „Konvent der Perspektiven". Hier wurden Schwerpunkte formuliert, wie interreligiöser Dialog als wichtiges Thema für die Zukunft, stärkeres Einbringen des interreligiösen Dialogs in die Synode, mehr Kooperation mit interreligiösem Dialog und in Kirche „mitten im Leben" muß inner-christliche Ökumene ergänzt werden durch interreligiösen Dialog. Diese bedürfen sicher nicht nur in Kirchentagsnacharbeit und -Weiterarbeit einer kräftigen und schrittweisen Verwirklichung.

Für WCRP Stuttgart war es übrigens die 9. Gebetsstunde seit 1990. Intensiv hatten wir uns in einem Kreis von 10-30 Personen, der sich monatlich trifft, vorbereitet, indem wir das Thema „Religionen – Salz der Erde" als Jahresthema für 1999 gewählt hatten. So wurden wir konfrontiert mit ausgezeichneten und wegweisenden Beiträgen aus verschiedenen Religionen und Konfessionen. Ohne Zweifel sind wir einen Schritt näher gekommen unserer Vision für das neue Jahrtausend, daß ein größeres Aufeinanderzugehen und eine Zusammenarbeit der Weltreligionen auf religionsleitender Ebene wie auch an der Basis unseres alltäglichen Lebens im Sinne einer „Ökumene der Weltreligionen" (H. Zahrnt) erfolgen möge und gesegnet ist.

Konkret bedeutet dies auf unserer Wanderschaft zum Reich Gottes insbesondere Abbau von Absolutheitsansprüchen und eine Überwindung von theologischen Gottesbildfestlegungen. Dabei lehnen wir Synkretismus und vordergründigen Proselytismus strikt ab.

Dieser Text wurde, meist unverändert, wiedergegeben z.B. in *Offene Kirche, Freies Christentum, ea nachrichten, WCRP Informationen.*

In der **„Kirche",** Wochenzeitung für Anhalt und die Kirchenprovinz Sachsen, wurde am 27.6.1999 zu unserer Gebetsstunde auf dem Kirchentag Stuttgart ausgeführt:

„Sie (WCRP Stuttgart) veranstaltete ein Gebet, zu dem sich Hindus, Buddhisten, Muslime, Juden, evangelische und katholische Christen (und Bahá'is) versammelten. Zu Beginn verwahrte sich der Moderator, ein evangelischer Christ, gegen das Vorurteil, eine Einheitsreligion anzustreben. ‚Für mich gibt es nur einen Gott, für uns Christen ist es der Dreieinige Gott'. Mit ihrem Anliegen befänden sie sich auf dem Weg einer Ökumene der Weltreligionen."

8. 2001: *Leben statt viel haben*

als Beitrag zum sog. „Colloqium 2000" und zu den brennenden
Fragen von Neoliberalismus in Politik, Wirtschaft und Kultur

1.	Orgelbeitrag	Ulrich Stierle
2.	Begrüßung	Ulrich Börngen
3.	„Globales Dorf"	Matilda Putra
4.	Laßt uns singen und feiern	Kingka Gyökössy

Beiträge von

5.	**Bahá'i-Religion**	Siegrid Barz
6.	**Buddhismus**	Hedwig Lauckner
7.	**Christentum, evangelisch**	Gabriele Arnold, Pfarrerin Matthäuskirche
8.	Orgelbeitrag	Ulrich Stierle
9.	**Christentum, katholisch**	Hermann Benz
10.	**Hinduismus**	Yoganathan Putra
11.	**Islam**	Ali Demir
12.	Orgelbeitrag	Ulrich Stierle
13.	Licht um Dich her	Dorothea Prahl
14.	Judentum	Jan Jakubowski

Anschließend besteht Möglichkeit zum gemeinsamen Gespräch.
Kollekte für die Frauen der in Israel lebenden Völker (Drusinnen,
Palästinenserinnen, Jüdinnen und Christinnen) Wizo/Theodor-
Heuss-Erholungsheim in Herzlina. Die Kollekte betrug 466 DM.

2. Begrüßung:

… in Stuttgart treffen sich Vertreter von z.Zt. 6 Religionen seit
über 10 Jahren monatlich 1x in einem in der Regel erfreulich
wertvollen und tiefen interreligiösen Dialog. Große Freude, daß
wir den Gründer von WCRP Stuttgart, Hermann Benz, katholischer Pfarrer, heute unter uns haben und er mitmacht.

Wir sind eine kleine Gruppe von 8-20 Personen und freuen uns natürlich über weitere Menschen, vor allen Dingen Jugendliche, die kontinuierlich mitarbeiten und die Arbeit mittragen wollen. Unser <u>Jahresthema</u> 2001 lautete: Leben statt viel haben.

Auf der letzten Seite des grünen Programmes (hier S.100) ist Wesentliches zum Thema gesagt. Alles ist letztlich unsere Zeit- und Kulturkritik und gewissermaßen unsere dringende Anfrage auch an unsere Religionen, hier etwas Gemeinsames und Gutes für den Menschen zu leisten.

Gestatten Sie mir noch einige Sätze zu kontroversen Stichworten im Zusammenhang mit unserer Gebetsstunde:
1. Gottesfrage. Ich glaube, daß es <u>einen Gott</u> gibt im Himmel und auf Erden, vielleicht auch in uns. Jeder Mensch und damit jede Religion hat seinen/ihren Zugang zu diesem Gott. Dabei glauben wir Christen über die zweifelsohne nicht ganz einfache Dreieinigkeit an diesen einen Gott und das ist uns allen hier bekannt und wird akzeptiert. Ich und wir können deshalb auch ohne Probleme mit anderen Religionen undogmatisch zu diesem einen Gott beten. Argumente, ob z.B. Juden und Christen an einen verschiedenen Gott beten, vermag ich absolut nicht nachzuvollziehen.
2. Vorwürfe in Richtung angeblich angestrebter <u>Einheitsreligion</u> sind mir und uns hier völlig fremd. Insofern lehnen wir alle Synkretismus (Religionsverschmelzung) ab. Dabei muß und möchte ich aber betonen, daß wir durchaus überraschend viel von fremden Religionen lernen können, um zu eigener Identität zu finden. So versuchen wir, offen und ohne Vorurteil einander zuzuhören und „uns in unseren Verschiedenheiten ernst zu nehmen und uns diese (Unterschiede) auch gegenseitig zuzugestehen" - so können wir vielfach uns bereichen lassen in unserem eigenen Glauben.
Somit ist ein ganz aktuell unterstellter angeblicher „unverbindlicher symbolischer Dialog" auch zwischen Christen und Muslimen − Kock, 2001, Herbstsynode − für uns somit keinesfalls „erschöpft".

3. Missionierung und uns vielfach bekannte Bekehrungsversuche kommen für uns, auch nach unserer Geschichte, überhaupt nicht in Frage. Wir Christen haben die Wahrheit nicht gepachtet und sind schon garnicht die besseren Menschen. Dialog und Zusammenarbeit schließen eine menschliche Missionierung aus. Ich bedauere es, daß dies Christen in ihrer 2000jährigen Geschichte allzuoft nicht gelernt und bedacht haben.

3. Globales Dorf

Wenn wir die ganze Menschheit auf ein Dorf von 100 Einwohnern reduzieren würden, aber auf die Proportionen aller bestehenden Völker achten, würde dieses Dorf so zusammengesetzt:

70 Nicht-Weiße, 30 Weiße

57 Asiaten, 21 Europäer, 14 Amerikaner (Nord und Süd),

8 Afrikaner

52 Frauen, 48 Männer

70 Nichtchristen oder Anti-Christen, 30 Christen

6 Personen würden 59% des gesamten Weltreichtums besitzen und alle 6 Personen kämen aus den USA

80 hätten keine ausreichenden Wohnverhältnisse

70 wären Analphabeten

50 wären unterernährt

1 Mensch würde sterben, 2 würden geboren

1 Mensch hätte einen PC,

ein Mensch hätte einen akademischen Abschluß.

Wenn man die Welt aus dieser Sicht betrachtet, wird jedem klar, daß das Bedürfnis nach Zusammengehörigkeit, Verständnis, Akzeptanz und Bildung notwendig ist.

Denken Sie auch darüber nach:

Falls Sie heute morgen gesund aufgewacht sind, dann sind Sie glücklicher als eine Million Menschen, die die nächste Woche nicht erleben werden.

Falls Sie nie einen Kampf des Krieges erlebt haben, nie die Einsamkeit durch Gefangenschaft, die Agonie des Gequälten, oder Hunger gespürt haben, dann sind Sie glücklicher als 500 Millionen Menschen in der Welt.

Falls sich in Ihrem Kühlschrank Essen befindet, Sie bekleidet sind, ein Dach über dem Kopf haben und ein Bett zum Hinlegen, sind Sie reicher als 75% der Einwohner dieser Welt.

Falls Sie ein Konto bei der Bank haben, etwas Geld im Portemonnaie und etwas Kleingeld in einer kleinen Schachtel, gehören Sie zu 8% der wohlhabenden Menschen auf dieser Welt.

Nach Veronika Spindler, SWR 1, 29.4.2001, 7 Uhr, „Der Sonntagmorgen" (gekürzt)

4. Lasst uns singen und feiern

Gott ruft alle Menschen in ein neues Leben,
Wir gehen Hand in Hand,
Die Zeit ist reif für den Wandel. Jetzt ist die Zeit erfüllt.
Lasst uns zusammen gehen,
Keiner kann alleine stehen, kommt. Schließt euch zusammen
Eure Hände und Herzen sind wichtig, kommt!

Brasilianisches Lied

5. Bahá'i - Religion

Sei freigebig im Wohlstand und dankbar im Unglück. Sei des Vertrauens deines Nächsten würdig und blicke mit einem strahlenden und freundlichen Angesicht auf ihn. Sei ein Schatz für den Bedürftigen, ein Mahner für den Reichen, höre auf den Notschrei des Armen und wahre die Heiligkeit deines Versprechens. Sei gerecht in deinem Urteil und zurückhaltend in deiner Rede. Sei zu niemanden ungerecht und erweise allen Menschen Milde. Sei eine Lampe für die, welche im Dunkeln wandeln, ein Freudenquell für die Bekümmerten, ein Meer für die Dürstenden, ein Hafen für die Gequälten, sei dem Opfer der Bedrückung eine Stütze und Verteidigung. Lasse Redlichkeit und Rechtschaffenheit Merkmale deiner Handlungen sein. Sei ein Heim für den Fremdling, Balsam für den Leidenden, ein Turm der Kraft für den Flüchtling. Sei das Auge für den Blinden und ein Leitstern den Füßen des Irrenden. Sei eine Zier für das Angesicht der Wahrheit, eine Krone für die

Stirn der Treue, eine Säule des Tempels der Ehrlichkeit, ein Atem des Lebens für den Körper der Menschheit, ein Banner der Heerscharen der Gerechtigkeit, eine Leuchte am Horizont der Tugend, ein Tautropfen für den Boden des Menschenherzens, eine Arche auf dem Meere der Erkenntnis, eine Sonne am Himmel der Güte, ein Edelstein am Stirnband der Weisheit, ein leuchtendes Licht am Himmel deiner Mitmenschen und eine Frucht am Baume der Demut.

Aus den Schriften von Baha'u'llah (Ährenlese, Kap. CXXX, S. 186)

6. Buddhismus

Als Mensch, der im Denken des Mahayana-Buddhismus aufgewachsen ist, bin ich davon überzeugt, dass Liebe und Mitgefühl die moralische Grundlage des Weltfriedens sind.

Wahre Liebe beruht nicht auf Ergreifen, sondern auf selbstloser Hinwendung. Mitgefühl ist eine menschliche Antwort auf das Leiden, solange die Wesen dem Leiden unterworfen sind.

Wir sollten uns bemühen, diese Art von Mitgefühl in uns zu entwickeln, und aus einem begrenzten Gefühl sollten wir es ins Unbegrenzte ausweiten. Nichtunterscheidendes, spontanes, grenzenloses Mitgefühl für alle Wesen ist offensichtlich nicht die übliche Liebe, die man für Freunde und Familie hegt und die mit Unwissen, Verlangen und Anhaften vermischt ist.

Die Liebe, die wir entfalten sollten, ist die weite Liebe, die wir selbst dem zuwenden, der uns Schaden zugefügt hat: unserem Feind.

Es gibt niemanden, der nicht Liebe und Mitgefühl schätzen sollte. Von unserer Geburt an leben wir unter der Fürsorge und Liebe unserer Eltern. Und später im Leben, wenn wir den Leiden von Krankheit und Alter unterworfen sind, sind wir wieder auf die Hilfsbereitschaft anderer angewiesen.

Wenn Anfang und Ende unseres Lebens von der Fürsorge anderer abhängt, sollten wir da nicht in der Mitte unseres Lebens hilfreich gegen andere handeln?

Ruhe und Gegenwärtigkeit des Geistes ist eine Frucht des spirituellen Lebens. Durch sie können die Probleme des täglichen Lebens leichter gelöst werden. Wer dagegen die Kontrolle über seinen Geist verliert durch Hass und Selbstsucht, verliert damit auch seine Urteilskraft. Unser Geist trübt sich, und in solchen Augenblicken der Erregung kann alles Mögliche passieren, selbst Krieg.

Zwei Dinge sind von Wichtigkeit und erfordern unsere ständige Aufmerksamkeit: die Prüfung unserer Haltung und deren Berichtigung. Immer müssen wir wachsam sein in unserer Haltung anderen gegenüber, sie sorgfältig prüfen und unverzüglich korrigieren, wenn wir erkennen, dass sie falsch ist.

Abschließend möchte ich noch ein paar Worte zum materiellen Fortschritt sagen. Viele Menschen aus dem Westen haben sich mir gegenüber kritisch über diesen Fortschritt geäußert, obwohl doch – seltsamerweise – gerade er es ist, der den Stolz des Westens ausmacht. Ich kann in materiellem Fortschritt als solchem nichts Schlechtes finden, vorausgesetzt, dass der Mensch an erster Stelle steht. Und ich bin der festen Überzeugung, dass wir wirtschaftliches Wachstum und geistige Entwicklung in Übereinstimmung bringen müssen, wenn wir zu einer Lösung der menschlichen Probleme auf allen Ebenen kommen wollen.
Wir müssen uns jedoch der Grenze des Fortschritts bewusst bleiben. So sehr materialistische Erkenntnis in Wissenschaft und Technik dem Menschen nützlich geworden ist, so ist sie dennoch nicht imstande, dem Menschen zu einer dauerhaften Zufriedenheit zu verhelfen. Das liegt daran, dass das materialistische Wissen Glück und Zufriedenheit stets nur in einer Weise ermöglicht, die von materiellen Bedingungen abhängig ist. Glück und Zufriedenheit, die innerem Wachstum entspringen, können nur entstehen unabhängig von äußeren Faktoren.

Ich habe diese Worte geschrieben, weil eine Empfindung mich ständig begleitet. Immer wenn ich einem Menschen begegne, und sei es auch ein ‚Fremder', ist es die gleiche Empfindung:
„Wieder begegne ich hier einem Angehörigen unserer menschlichen Familie." Meine Liebe zu allen Lebewesen, meine Hochachtung vor ihnen, sind stetig gewachsen. Und ich fühle den Wunsch in mir, etwas zu tun für den Frieden in der Welt. Ich bete, dass die

Menschen dieser Erde freundlicher miteinander umgehen mögen, voll gegenseitiger Liebe und Anteilnahme. Und ich richte diese Worte an alle, die das Leiden in der Welt verringern wollen Und deren tiefster Wunsch es ist, ein Glück zu finden, das von Dauer ist.

Aus: The Dalai Lama, A Human Approach to World Peace

7. Christentum, evangelisch

Beten heißt bitten, betteln, bedrängen, an Fensterläden trommeln: Mach auf! Beten ist verlangen, inbrünstig hoffen. Hoffe, was du hoffen kannst. Sei nicht matt, gelassen, undeutlich. Sei heftig, bewegt, wachsam. Verlange nach der Heiligung des Gottesnamens, dem Kommen des Königreichs von Recht und Frieden überall auf dieser Welt. Dass der Name Gottes, der Befreiung und Liebe bedeutet, in Menschen Wirklichkeit wird, dass sein Reich … kommen und so wirklich werden soll, wie wir zusammen sind, dieses Verlangen heißt beten.

nach Hub Oosterhuis

Jesus sagte ihnen aber ein Gleichnis darüber, daß sie allezeit beten und nicht nachlassen sollten,

(2) und sprach: Es war ein Richter in einer Stadt, der fürchtete sich nicht vor Gott und scheute sich vor keinem Menschen.

(3) Es war aber eine Witwe in derselben Stadt, die kam zu ihm und sprach: Schaffe mir Recht gegen meinen Widersacher!

(4) Und er wollte lange nicht. Danach aber dachte er bei sich selbst: Wenn ich mich schon vor Gott nicht fürchte noch vor keinem Menschen scheue,

(5) will ich doch dieser Witwe, weil sie mir soviel Mühe macht, Recht schaffen, damit sie nicht zuletzt komme und mir ins Gesicht schlage.

(6) Da sprach der Herr: Hört, was der ungerechte Richter sagt!

(7) Sollte Gott nicht auch Recht schaffen seinen Auserwählten, die zu ihm Tag und Nacht rufen; und sollte er's bei ihnen lange hinziehen?

(8) Ich sage euch: Er wird ihnen Recht schaffen in Kürze. Doch wenn der Menschensohn kommen wird, meinst du, er werde Glauben finden auf Erden?

Lukas 18, 1-8

9. Christentum, römisch-katholisch

„Herr, mache mich zu einem Werkzeug Deines Friedens"
Dieser Anfang des Friedensgebetes von Franz von Assisi enthält bedeutungsschwere Worte:

Friede – ein Wort in aller Mund, selbst derer, die Krieg fordern und zum Krieg aufhetzen. Und doch ein Wort, das die tiefste Sehnsucht des Menschen zum Ausdruck bringt, und deshalb auch das Herzstück aller Religionen ist.

Werkzeug des Friedens – Viele resignieren: Friede ist eine Utopie, eine Illusion, die Mächtigen der Welt tun eh, was sie wollen. Menschheitsgeschichte ist eben Kriegsgeschichte. Was kann ich daran ändern? Andere – es sind Gott sei Dank auch viele – resignieren nicht, sie hoffen, ja sie wollen Werkzeuge des Friedens sein: Franz von Assisi, Mahatma Gandhi, Martin Luther King, Dalai Lama und viele andere mehr bis hin zu den Abertausenden, die sich in WCRP und anderen Friedensbewegungen engagieren.

Herr mache mich ... Viele beten darum, ein Werkzeug des Friedens sein zu können. Sie beten, weil sie sich bewußt sind, daß kein Mensch frei ist von der Anfechtung, sich von Mächten leiten zu lassen: z.B. von Egozentrik, von Eitelkeit, von der Faszination der Macht. Dieser „condition humaine" bewußt, flehen sie zu jener Macht, zu den Mächten, die wahren Frieden schaffen, und diese Macht hat einen Namen in allen Religionen: **Liebe**!
Aus dieser göttlichen Macht strömen alle Friedensmächte: Gerechtigkeit, gegenseitige Wertschätzung, Solidarität, Kommunikation, Teilen – der Namen der Friedensmächte sind so viele!
Beten, bitten, flehen wir, daß sie uns treiben und leiten in unserem Einsatz für den Frieden in der Welt.

Herr, mache mich zu einem Werkzeug Deines Friedens,
daß ich liebe, wo man haßt, daß ich verzeihe, wo man beleidigt,
daß ich verbinde, wo Streit ist,
daß ich die Wahrheit sage, wo Irrtum ist,
daß ich Glauben bringe, wo Zweifel ist,
daß ich Hoffnung wecke, wo Verzweiflung quält,
daß ich Licht entzünde, wo Finsternis herrscht,
daß ich Freude bringe, wo Trauer ist.
Herr laß mich trachten,
nicht, daß ich getröstet werde, sondern daß ich tröste,
nicht, daß ich verstanden werde, sondern daß ich verstehe,
nicht, daß ich geliebt werde, sondern daß ich liebe.
Denn wer sich hingibt, der empfängt,
wer sich selbst vergißt, der findet.
Wer verzeiht, dem wird verziehen –
und wer stirbt, der erwacht zum ewigen Leben.
Franz von Assisi (13. Jh.), z.B. katholisches „Gotteslob", S. 71

10. Hinduismus

Armut in dieser Welt ist angemessen, bekömmlich und heilsam.
Sie bewirkt, daß wir ohne Feinde bleiben.

Das Vermögen von Geizhälsen erzeugt nur Unlust, Durst nach
mehr, Verblendung und Schlaflosigkeit. Es ist kein wirklicher
Reichtum, sondern eine schlimme Krankheit des Herzens.

Wer nach Reichtümern jagt, jammert.
Wer sie erlangt hat, ist stolz und unzufrieden.
Und wer sein Hab und Gut verloren hat, ist unglücklich.
Glücklich ist nur der, der keine Wünsche hat.

Flüsse trinken nicht selbst ihr Wasser,
Bäume verzehren nicht selbst ihre süßen Früchte.
Die Regen spendenden Wolken laben sich nicht an dem Getreide,
das sie wachsen lassen.
So ist auch der Reichtum der Vornehmen dazu da, den anderen
zu helfen.

O Herr,
zerstöre die Begierden Deines Dieners. Brich sie aus ihm heraus.
Rein, ganz gereinigt werde sein Geist
durch deine Gnade.

O Herr, errette ihn, errette ihn!
Mahabharata

11. Muslimischer Beitrag

Um unter den Menschen Frieden und Gerechtigkeit herbeizuführen und zu wahren, brauchen wir moralische Grundsätze, die wir in der Religion finden. Um Ausgleich zu schaffen, definiert die Religion die Verantwortung der Habenden. Religion mahnt zu Gerechtigkeit und stärkt das soziale Empfinden.

Gott sagt uns im Koran an vielen Stellen:
„O ihr Menschen, wahrlich, der Angesehenste von euch ist vor Gott der, der unter euch der Gerechteste, der Gottesfürchtigste ist." (z.B. Sure 49,13)
Als Muslime begehen wir in diesen Tagen den Fastenmonat Ramadan. Es ist dies eine Zeit, in der auf die Einhaltung aller religiösen Gebote besonders geachtet wird. Dieser Monat ist eine Zeit der Glaubenspraxis, mit ihren sozialen Verpflichtungen und Abgaben, um wieder ein Gleichgewicht und sozialen Frieden unter den Menschen herzustellen.
Die Verantwortung vor Gott liegt in der Erfüllung des Gebots der Liebe und der tätigen Hilfe für den Mitmenschen. Die Liebe zum Mitmenschen bildet die Grundlage der wahrhaften Dankbarkeit zu Gott.

Im Koran lesen wir:
Frömmigkeit besteht nicht darin, daß ihr euer Gesicht nach Osten oder Westen wendet. Frömmigkeit besteht darin, daß man an Gott, den Jüngsten Tag, die Engel, das Buch (die Offenbarung) und an die Gottesgesandten glaubt, daß man, aus Liebe zu Ihm (zu Gott), den Verwandten, den Waisen, den Bedürftigen, dem Reisenden und den Bettlern Geld zukommen läßt und es für die Freiheit der

Menschen ausgibt, und daß man das Gebet verrichtet und die Abgabe entrichtet ... Sure 2,177

Ihr werdet die (wahre) Frömmigkeit nicht erlangen, bis ihr von dem spendet, was ihr liebt. Und was immer ihr spendet, Gott weiß es. *Sure 3,92*

Herr, Du hast uns zu deinen Knechten und Mägden berufen
und uns damit von der Herrschaft der Menschen
über den Menschen befreit.
Wir haben erkannt, daß wir frei sind in unserem Angewiesensein
auf Dich.
Herr, Du hast uns zu Deinen Stellvertretern
in Deiner Schöpfung eingesetzt
und damit die Verantwortung für diese Erde und alles,
was in und auf ihr lebt, anvertraut:
Für die Tiere, die Vögel unter dem Himmel, für die Schätze der
Natur, die Pflanzen, die Wälder, für das Wasser und für die Luft,
die wir atmen.
Herr, Du hast uns den geraden Weg
zu lebendigem Wasser gewiesen
und uns geboten, nach Frieden zu streben:
Frieden mit Dir, Frieden mit uns selbst, Frieden mit unseren Familien, Frieden mit unseren Nachbarn, mit allen Menschen
und mit der Natur, die Du uns anvertraut hast.
Gib uns, o Herr, daher den Mut und die Kraft,
unserer Berufung treu zu bleiben.
Gott mahnt im Koran:
„O Ihr Gläubigen, tretet alle ein in den Frieden
und folgt nicht den Fußstapfen Satans,
wahrlich, er ist euch ein offenkundiger Feind".
Aus einem zeitgenössischen Friedensgebet
von M. Salim Abdullah
El-Fatiha (Sure 1) – Amin

13. Licht um dich her
Segen sei mit dir, der Segen strahlenden Lichtes,
Licht um dich her und innen in deinem Herzen.

Sonnenschein leuchte dir und erwärme dein Herz,
bis es zu glühen beginnt wie ein großes Torffeuer,
und der Fremde tritt näher, um sich daran zu wärmen.
Aus deinen Augen strahle gesegnetes Licht
wie zwei Kerzen
in den Fenstern deines Hauses, die den Wanderer locken,
Schutz zu suchen dort drinnen vor der stürmischen Nacht.
Wen du auch triffst, wenn du über die Straße gehst,
ein freundlicher Blick von dir möge ihn treffen.
Aus: Herrmann Multhaupt: Möge der Wind immer in dei-
nem Rücken sein. Bergmoser-Höller, 1993

14. Jüdischer Beitrag

Zum Text des nachfolgenden Liedes „Hinej ma tow ...“ aus dem
133. Psalm möchte ich gerne folgende Aussagen machen:
Er besteht aus nur einem kurzen Satz: **Sieh, wie gut und lieblich,**
wenn Brüder zusammenwohnen! Wie so oft, haben auch hier
einige Worte doppelte Bedeutung. Bei manchen ist es direkt aus
dem Lexikon zu ermitteln, hier das Wort **wohnen** (schewet) kann
auch **sitzen** bedeuten, also **zusammensitzen**, was dem unseren
Fall besser entsprechen würde, bei den anderen muß man nach der
Mehrdeutigkeit erst suchen, nicht im Lexikon, sondern in der
Schrift selbst, gemeint ist hier das Wort, **Brüder** (Achim), wel-
ches auch als Geschwister gedeutet werden kann, aber wichtiger
noch ist die Deutung als **Völker** (Gojim).
Und diese Behauptung kann man sogar mehrfach belegen:
1. Im 1.Buch Mose 17,16 lesen wir: „Ich will sie segnen und
   dir auch von ihr einen Sohn geben. Ich will sie segnen,
   daß sie zu Nationen werden, Könige von Völkern sollen
   von ihr abstammen.“ (17,17): „Da fiel Abraham auf sein
   Angesicht und lachte; und er sprach in seinem Herzen:
   Sollte einem Hundertjährigen noch ein Sohn geboren
   werden, oder Sarah, die Neunzigjährige, noch gebähren?“
   Braucht man mehr? Ist das nicht eindeutig, daß alle diese
   kommenden Völker Brüder sind?

2. Der Psalm 117, der kürzeste, er besteht aus nur einem Satz: **„Preiset den Ewigen, alle Völker, rühmet ihn, alle Nationen, denn stark ist über uns seine Gnade, und die Treue des Ewigen besteht ewiglich, Haleluja!"** Auch hier ist das Verhältnis der Völkergemeinschaft zum Ewigen, wie die der Brüder zum verehrten gemeinsamen Vater.

Diese Auslegung macht sich auch im jüdischen Humor bemerkbar. Und weil eigentlich zur Tradition gehört, auch das Studium der Heiligen Schrift mit fröhlichen und belustigenden Worten abzuschließen, erlaube ich mir hier zwei Anektoden – man kann auch sagen, jüdische Witze – zu bringen:

Erste: Rabbi Israel von Kosnitz betete eines Tages mit folgenden Worten zu Gott: „Herr der Welt, habe die Güte, Israel zu erretten, das erflehe ich von dir. Und wenn du das nicht willst, dann habe die Güte, die Gojim (die Völker) zu retten."

Zweite: Ein Rabbiner, ein (katholischer) Pfarrer, ein (evangelischer) Pastor und ein buddhistischer Mönch treffen zusammen. Natürlich reden sie über Gott: „Gott ist im Himmel", versichert der Pfarrer. „Gott ist auf der Erde", entgegnet der Pastor. „Gott ist in uns", setzt der buddhistische Mönch dagegen. „Ihr habt alle recht, Gott ist überall, wo man ihn einläßt", erwidert der Rabbiner.

Dieser Erzählung läßt sich die im Grunde existierende Einvernommenheit oder Einigkeit der Erkenntnis entnehmen. Und damit läßt sich auch das scheinbar überflüssige Wort auch (gam) bezogen auf zusammen (jachad) erklären, und zwar: ... **wie gut und lieblich, wenn Geschwister auch in Einigkeit zusammensitzen!"** In diesem Falle ist also das Wort (jachad) sogar doppelt zu deuten: **Beisammen und in Einigkeit.**

P S A L M   1 3 3   (erste Zeile)
Hinej ma tow uma naim schewet achim gam jachad.
Wie gut und lieblich, wenn Brüder zusammenwohnen.

Herzliche Einladung

„Leben statt viel haben"

aus der Sicht verschiedener Religionen war und ist das Jahresthema 2001 von WCRP Stuttgart. Es ist unser Basisbeitrag zum sog. **„Colloqium 2000".** Hier haben sich 150 kritische Verantwortliche aus vielen Kulturen und 50 Ländern in der Evangelischen Akademie Hofgeismar getroffen. Beteiligt waren wichtige kirchliche Organisationen, Missionswerke und ökumenische Initiativen in Zusammenarbeit mit dem Ökumenischen Rat der Kirchen, dem Reformierten Weltbund und Pax Christi International, z.B. Evangelische Akademien, Katholische Akademie Rabanus Maurus, EMS, Gossner Mission, Missio, Franziskaner und Evangelische Kirche von Kurhessen-Waldeck.

In einer Dokumentation im Verlag Junge Kirche, Hamburg, über das Thema:

Glaubensgemeinschaften und soziale Bewegungen
im Streit mit der Globalisierung

kommen bemerkenswerterweise auch authentische buddhistische, hinduistische und muslimische Stimmen zu Wort. Uns hat fasziniert, daß sich in einer abschließenden „Erklärung" die Teilnehmer verpflichten, „gemeinsame Aktionen der Religionsgemeinschaften auf lokaler, regionaler und internationaler Ebene zu intensivieren (ich denke: zu initiieren) und zu verstärken, um so entstehende Alternativen zur wirtschaftlichen Globalisierung untereinander auszutauschen und zu vernetzen." Mit Genua und New York erfährt alles seine tiefgreifende Aktualität und Dramatik. Bemerkenswert, daß diese so außerordentlich bedeutsame interreligiöse und internationale Initiative im kirchlichen und gesellschaftlichen Rahmen bei uns fast keine Beachtung gefunden hat.

Auf unseren diesjährigen monatlichen Treffen haben 6 verschiedene Religionen und das Projekt Weltethos meist tief bewegend, fundiert und auch hoffnungsvoll aus ihrer speziellen Sicht Stellung genommen zu den brennenden Fragen von Neoliberalismus und Globalisierung sowie offensichtlichem Verfall in Politik, Wirtschaft und Kultur. Praktisch weltweit wurden die Verhältnisse und Entwicklungen beklagt. Aber es gibt auch in allen Religionen hoffnungsvolle Ansätze und wirksame Bewegungen für den Menschen. Wo findet nur der notwendige Austausch und die sinnvolle Vernetzung weltweit und vor Ort statt, damit Zeichen und Hilfe für den Menschen erwachsen?

Den Jahresabschluß zum Thema „Leben statt viel haben" wird eine für Stuttgart schon traditionelle Gebetsstunde der Religionen für den Frieden am Mittwoch, 21. November 2001, 19.00 Uhr, in der Matthäuskirche in Stuttgart Süd bilden. Auch hier werden 6 Religionen in sog. multireligiösem Gebet und Meditation zu Wort kommen. Es beteiligen sich Bahá'i-Religion, Buddhismus, Christentum, Hinduismus, Islam und Judentum. Gedankt sei an dieser Stelle besonders den Religionen, die trotz verständlicher Probleme mit dem Kirchenraum mitmachen und sich nicht abhalten lassen. Erfreulich, daß das Stadtdekanat und der Kirchengemeinderat von der Matthäuskirche die Veranstaltung ermöglicht hat. Frau Pfarrerin G. Arnold vertritt die Ortsgemeinde. Die Gebetsstunde wird umrahmt auf der Orgel von Herrn Kantor U. Stierle.

Ulrich Börngen, Stuttgart, Oktober 2001

Aus dem Gemeindebrief Matthäusgemeinde Stuttgart, Nr. 177, November 2001: Buß- und Bettag, Mittwoch, 21. November, 19 Uhr:

Gebet der Religionen für den Weltfrieden

Seit einigen Jahren findet in Stuttgart einmal im Jahr ein Gebet für den Weltfrieden statt, in dem Vertreter verschiedener Religionen miteinander beten.

Die jüdische Gemeinde, Hindus, Buddhisten, Muslime, die Bahá'i-Gemeinde und evangelische und katholische Christen treffen sich und bitten um Frieden.

In diesem Jahr ist die Matthäusgemeinde die Gastgeberin. Sie alle sind herzlich eingeladen am Buß- und Bettag, 21. November, um 19 Uhr, in der Kirche mitzubeten für den Frieden, den die Welt so nötig braucht.

Aus „**Freies Christentum – Auf der Suche nach neuen Wegen**", Heft 6, November 2001, S. 120:

Gebet der Religionen am Bußtag

Die Stuttgarter Gruppe der „Weltkonferenz der Religionen für den Frieden" (WCRP) lädt auf den Bußtag ... zu einem „Gebet der Religionen" in die evangelische Matthäus-Kirche in Stuttgart-Süd ein. Die Vertreter verschiedener Religionen sprechen Gebete aus ihrer Tradition, die sich zu einer vielstimmigen Anrufung verbinden, ohne daß eine Religionsmischung praktiziert wird. Eine entsprechende Veranstaltung beim Kirchentag in Stuttgart 1999 hat ein sehr positives Echo gefunden. Freie Christen aus dem Großraum Stuttgart sind herzlich und dringlich eingeladen, die kleine Gruppe zu verstärken; auch die evangelische Gemeinde ist eingeladen.

Ulrich Börngen: **„Leben statt viel haben" aus der Sicht verschiedener Religionen.** *WCRP Informationen Nr. 58, 2001, S. 18*
Redaktionelles Vorwort:
„Leben, statt viel haben", so ist ein offener Brief von Dr. Börngen überschrieben. Er wirbt darin „für ein gutes Leben – interreligiös gemeinsam gegen neoliberalen Verfall von Wirtschaft, Politik und Kultur" und möchte gerne eine Regionalgruppe Stuttgarter Raum Colloquium 2000 gründen.

Dies ist das Jahresthema 2001 von WCRP Stuttgart. Es wird unser Beitrag sein zum „Colloquium 2000", ausgehend von der Evangelischen Akademie in Hofgeismar, Juni 2000. Hier hatten sich „mehr als 150 sozial und politisch engagierte Menschen aus Theologie, Kirchen, Wirtschaftswissenschaften und Umweltforschung und annähernd 50 Ländern" getroffen. Das Thema lautete: „Glaubensgemeinschaften und soziale Bewegungen im Streit mit der Globalisierung". Es ist unser Basisbeitrag zu den brennenden Fragen von Neoliberalismus sowie Verfall der Politik, Wirtschaft und Kultur. Vertreter von sechs Religionen werden zu Wort kommen. Der nachfolgende **„Offene Brief"** soll allgemein informieren und anregen. Der Autor ist gerne bereit, Interessenten konkreter zu informieren.

Auf das Thema und den Vorgang Colloquium 2000 bin ich erst in den letzten Wochen aufmerksam geworden. Sehr dringend möchte ich Ihnen die Ausführungen darüber in „Ökumenischer Informationsdienst" Nr. 61 – Sept. 2000 empfehlen, Seite 17-19, den erklärenden Leitartikel von Ulrich Schmitthenner, S. 2+3, sowie alle weiterführende Literatur, z. B. den Sonderdruck in „Junge Kirche", jetzt Hamburg. Beilage zu Heft 9, Sept. 2000.

Alles trifft mich zutiefst existentiell, eigentlich zunehmend seit 1990 (siehe „Offene Kirche", Informationen 2/1990, S. 16). Dies betrifft nicht nur umfassend mein Gesellschafts- und Kulturverständnis, sondern vor allen Dingen auch den täglichen Versuch einer christlichen Wanderschaft zum Reich Gottes. Speziell erfahre ich nicht zuletzt, wie seit Jahren neoliberale Wirtschaft und Politik massiv und verheerend auch in meinem Arztberuf und im Gesundheitswesen durchschlägt. Meine Situation ist durchaus vergleichbar mit dem Kirchentag in Düsseldorf 1985. Durch ihn ließen wir uns von der Notwendigkeit eines Friedenskonzils und dann umfassender und, noch immer, ökumenisch-konziliar für Frieden, Gerechtigkeit und Bewahrung der Schöpfung – vom Heiligen Geist, so meine ich – motivieren. Ohne Zweifel erscheint mir das „Colloquium 2000" als ein wesentlicher Schritt in die gleiche Richtung. Mich fasziniert insbesondere auch der längst überfällige interreligiöse Ansatzpunkt.

Zur anregenden Information erinnere ich an das, was Hans Küng schon 1990 zum Thema weit vorausgesehen hat. Nur zwei Zeitzeugen: Völkerrechtler William Basset, Los Angeles: „Der globalisierte Kapitalismus ist ein Raubtier, wie es die Welt noch nicht erlebt hat", und Erhard Eppler über Neoliberalismus: „Wir können nicht so weitermachen wie bisher". Bemerkenswert, dass endlich auch führende Persönlichkeiten von Ärztekammern unlängst auf einen „Kulturkampf" im Gesundheitswesen und auf eine „ethische Auseinandersetzung zwischen utilitaristisch geprägtem Kosten/Nutzendenken ... und christlich-humanitär tradierten Wertvorstellungen" hinweisen. Ein offizielles Schreiben einer Kassenärztlichen Vereinigung vom 17.04.00, nach dem die „Ärzte fit zu machen" sind „für ein marktwirtschaftliches ... planwirtschaftliches System" spricht für sich.

Ich möchte Sie alle von ganzem Herzen bitten, sich der Sache

Glaubensgemeinschaften und soziale Bewegungen im Streit mit der Globalisierung

intensiv und auf allen Feldern Ihrer Tätigkeit anzunehmen. Auch wenn schon genügend hervorragende Papiere erstellt wurden, liegt es nur an uns selbst, uns für Visionen und Träume unmittelbar einzusetzen, damit sie doch einmal Wirklichkeit werden. So habe auch ich in diesen Dingen große Hoffnung, wenn ich Sie anschreibe.

Mein Schreiben geht an potentielle Bündnispartner/-innen im Stuttgarter Raum und zur Information und Anregung darüber hinaus. Im übrigen könnte ich mir vorstellen, dass das Thema **das Thema** unseres **Evangelischen Kirchentages 2001** in Frankfurt werden könnte.

Nach Rücksprache mit Ulrich Duchrow nehme ich gern die Anregung auf, wie an anderen Orten, eine Regionalgruppe Stuttgarter Raum Colloquium 2000 zu gründen. Ich bin gern bereit, koordinierend Kraft und Zeit in die mir außerordentlich wichtige Arbeit zu investieren. Weiterhin indifferent nur vor uns hinzudümpeln, wäre meine Sache allerdings nicht. Konkretisiert könnte ich mir vorab als Arbeitsthese vorstellen:

Für ein gutes Leben – interreligiös gemeinsam
gegen neoliberalen Verfall von Wirtschaft, Politik und Kultur.
Wer mitmachen will, möchte sich baldmöglichst an mich wenden. Organisationen bitte ich, einen Vertreter zu benennen. An Ihrer grundsätzlichen Meinung, auch kritisch, bin ich interessiert.

9. 2003: *Mystik – ein Pfad zum Ewigen*

1. Orgelbeitrag   Günther Maysenhölder, Organist, Leon-
                       hardskirche
2. Begrüßung   Ulrich Börngen
                       Günter Renz, Pfarrer, Leonhardskirche
3. Internationales Gebet für den Frieden   Dorothea Prahl

    Beiträge von
4. Judentum   Meinhard Tenné, langjähriger Vorstands-
                       sprecher der israelitischen Religionsge-
                       meinde, Stuttgart
5. Islam   Ahmed Ginaidi, Pädagogische Hochschule,
                       Karlsruhe
6. Buddhismus   Hedwig Lauckner

7. Lied: Freunde, daß der Mandelzweig   Günther Maysenhölder

8. Christentum, römisch-katholisch   Michael Brock, Prälat,
                                        Stadtdekan
9. Hinduismus   Yoganathan Putra,
                                        Stuttgart/Sri Lanka
10. Christentum, evangelisch   Hans-Peter Ehrlich,
                                        Stadtdekan
11. Bahá'i-Religion   Frau Haleh Sabet, Vorsitzende des Geisti-
                       gen Rates der Bahá'i in Stuttgart

12. Mystik einer neuen Zukunft – Ökumenisches Friedensgebet 2003
    Gebet unserer Jugend: Tamara (Judentum)
                          Marcus (Koptisch-Orthodoxe Kirche)
                          Olivia (Bahá'i)
                          Raffael (Islam)
                          Thayalan (Hinduismus)

13. Abendgebet der Kekchi-Indianer, Mittelamerika, 19.Jh.,
                          Ulrich Börngen

14. Orgelbeitrag mit persischem Sufismus,
    Rezitation nach Gedichten von Mevlana Dialaleddin Rumi,

    Reza Maschajechi, Nürtingen/Persien

    Günther Maysenhölder
15. Dank Ulrich Börngen

Die Kollekte haben wir für die Leonhardskirche vorgesehen. Wir wollen speziell zwei herausragende interkulturelle Engagements, nämlich die Ausstellung *Johannes Reuchlin* und die seit Jahren durchgeführte *Vesperkirche* unterstützen. Der Humanist Reuchlin hat sich schon vor 500 Jahren in Stuttgart bemerkenswert und erfolgreich für „Toleranz, Bildung und Dialog zwischen den Religionen" eingesetzt. Die Kollekte ergab 320 €.

2. **Begrüßung** Ulrich Börngen

Sehr geehrte Damen und Herren, liebe Schwestern und Brüder unter dem Einen Gott,

… ich begrüße Sie alle ganz herzlich, ganz besonders die, die sich heute hier aktiv beteiligen und insbesondere auch die Eltern unserer Jugend. Auf unseren monatlichen Treffen beginnen wir meist mit einem kurzen meditativen Text. Ich möchte deshalb diesen Abend unter das Wort des Psalms 145, Vers 18 + 19, stellen:

und zwar nach einer modernen Hebräischen Bibelübersetzung:

„Nahe ist Gott allen, die ihn anrufen, allen, die ihn anrufen in Wahrheit. Den Willen seiner Verehrer tut er und ihr Flehen hört er und hilft ihnen." *Übersetzung nach Zunz, Tel-Aviv 1993*

Und nach der Lutherübersetzung:

„Der Herr ist nahe allen, die ihn anrufen, allen, die ihn mit Ernst anrufen. Er tut, was die Gottesfürchtigen begehren, und hört ihr Schreien und hilft ihnen." *Stuttgart 1938*

Ich habe also das sichere Vertrauen, daß uns alle der allmächtige und ewige Gott auch heute Abend hier begleitet und bewahrt …

Gestatten Sie mir noch zu drei grundsätzlichen Anliegen kurze Ausführungen:

1. Eine immer wieder geäußerte Kritik, daß wir eine Einheitsreligion anstreben, kenne ich in 10-15 Jahren ... nicht. Wir wollen, echt ökumenisch, einen Dialog, eine Zusammenarbeit und Spiritualität der Weltreligionen, lokal und weltweit, in versöhnter Verschiedenheit, was ohne Zweifel zu einer wechselseitigen Bereicherung führen kann.

2. Mit hausgemachten spekulativ-dogmatischen, ich zitiere: „verschiedene(n) Gottesvorstellungen, die sich nicht miteinander vereinigen lassen" (G. Maier, 28.10.03, Evangelisches Gemeindeblatt Württemberg) wollen wir uns höchstens in 2. Linie beschäftigen. Ich kann eigentlich die Notwendigkeit einer Vereinigung von Gottesvorstellungen nicht erkennen. Für mich als Laie und uns steht ganz zentral im Vordergrund Römer 3, Vers 29 und 30,
wo sogar Paulus an die Römer schreibt:
„Oder ist Gott allein der Juden Gott? Ist er nicht auch der Heiden Gott? Ja, freilich der Heiden Gott. Sintemal es ist ein einiger Gott."
Der bedeutende evangelische Theologe Friedrich Heiler fügte 1955 in einem Akademischen Gottesdienst in Marburg hinzu: „Auch der Christen Gott". Deshalb ist zu erkennen, an vielen wichtigen Orten, daß wir schrittweise auch von einem erst jetzt tolerierten *multireligiösen* Gebet − nebeneinander − zu einem *interreligiösen* Gebet − miteinander − zu dem einigen Gott in „ungeheurer Würde" kommen können und dürfen. Sogar eine „heidnische Mutter ... dringt zum Wesen Gottes vor" − Matth, 15, 21-28/ Kanaanäische Frau (M. Lautenschlager, Evangelisches Gemeindeblatt Württemberg, 12.10.03).

3. Für uns gewinnt seit Jahren eine Ökumene der Weltreligionen gesegnete Gestalt. Dies ist übrigens auch zunehmend in Deutschland und in der Welt zu erfahren. Bedauerlich, wenn dies vom Rat der EKD erst kürzlich in betonter Abgrenzung gegenüber anderen Religionen als „naiv" und als „Irrweg" tituliert wurde (Kirche, 10.8.03). Sicher nicht ohne Grund spricht Ruth Lapide, eine bedeutende jüdische Religionswissenschaftlerin und Historikerin, jetzt im September ein Wort, was etwas hart klingt, ich sehe darin aber ihre Not, und

wage es deshalb auch hier auszusprechen – sie spricht von einer „Ökumene der Ignoranz" bei „Juden wie bei Christen" (Rheinischer Merkur, Nr. 39, 25.9.2003, S. 26), also, sie unterstellt auf jeden Fall eine Ökumene zwischen Juden und Christen. Insofern wollen wir trotz aller „Realität der Religionen" als bleibende Vision, als „Wundertat Gottes", und nicht als „abstrakter Wunsch" beitragen zu einem besseren Verstehen und zu einer Zusammenarbeit, allerdings aller Religionen, denn wir sind <u>alle Kinder und Ebenbild Gottes</u>.

Wir freuen uns, daß nunmehr Herr Pfr. Renz hier von der Leonhardskirche als überaus entgegenkommender Gastgeber, zusammen mit seinem Kirchengemeinderat – herzlichen Dank – zu uns ein Grußwort sprechen will.

Wir beginnen und können im Herzen vielleicht gemeinsam sprechen ein Internationales Gebet für den Frieden. Insofern wollen wir uns auch solidarisieren mit der sogenannten Ökumenischen Friedensdekade jetzt vom 9.-19. November 2003 unter dem auch heute Abend passenden Thema. „Teufelskreise verlassen".

3. Internationales Gebet für den Frieden

Führe mich vom Tod zum Leben,
von der Unwahrheit zur Wahrheit.
Führe mich von der Verzweiflung zur Hoffnung,
von der Furcht zum Vertrauen.
Führe mich vom Hass zur Liebe, vom Krieg zum Frieden.
Laß Frieden erfüllen unser Herz, unsere Welt, unser Universum.
Nach den Upanishaden, benutzt 1981 von Mutter Theresa, empfohlen zur Friedensdekade 2003

4. Judentum

Die hebräische Bezeichnung Kabbala bedeutet Empfang, Überlieferung. Die Kabbala begründet sich aus der Thora, der Lehre, dem Pentateuch, den 5 Büchern Mose. Wenn man auf die Basis der Kabbala, als Geheimlehre bekannt, weil sich nur Wenige mit ihr beschäftigen, zurückkommt, so kommt man erstens zur Schöpfungsgeschichte, die eigentlich zweimal, in 1. Mose 1,1 und 1.

108

Mose 2,4, erzählt wird, und zweitens zur Erzählung von der Majestät G-ttes.

Im Laufe der ersten Jahrhunderte nach der Zeitwende bildete sich die Kabbala heraus, die, wie jede Mystik, mehr **erfahren** als **gelernt** wird.

Zwischen dem 3. und 6. Jh. entstand das Werk Sefer Jezira, das **Buch der Schöpfung**, grundlegend für das weitere Eindringen in die Kabbala. In Kürze, die Kabbala beschäftigt sich mit den Mysterien der Sprache (auch mit dem Alphabet und der Zahlenbedeutung der Buchstaben), denn in 5. Mose 4,12 heißt es: „Und der Ewige redete zu euch mitten aus dem Feuer. Den Laut der Worte hörtet ihr, aber ein Bild sahet ihr nicht, außer dem Laut." Die Kabbala beschäftigt sich mit den unaussprechlichen G-ttesnamen. Es sind 3 Buchstaben in einer Viererreihe, ohne Vokale. Im Hebräischen kann man jede Buchstabenkombination mit den verschiedensten Vokalen versehen, das Wort muß dann nur einen Sinn geben, z.B. im Deutschen: g/n/g = ging, Gang, genug, Gong: daraus ergeben sich viele Möglichkeiten der Vokalisation mit den Zahlenkombinationen (im Hebräischen sind die Buchstaben auch Zahlen). **Spiritualität**: Dewekut und Kawwana Andacht/Treue und Andacht/Absicht, und im Buch der Schöpfung stehen die Sefirot, die Zählungen der Buchstaben und der Wege zu G-tt, die wie ein Baum angelegt sind, der Sefirot-Baum.

Es gibt Veröffentlichungen, wie z.B. ein Chassid, ein Frommer, die Kabbala in sein Leben integrieren kann und sie verinnerlichen soll. Eine Beschreibung aus dem 13. Jh. zeigt dies: „Wer etwas in seinem Sinn mit vollkommener Festigkeit festsetzt, dem wird es zur Hauptsache. Wenn du also betest und Segnungen sprichst oder die Kawwana auf etwas in wahrer Weise richten willst, so stelle dir vor, daß du und alles um dich rum Licht bist, von jeder Richtung und jeder Seite Licht; und in dem Licht ein Lichterstrom und darauf ein ‚glänzendes Licht' und ihm gegenüber ein Thron und darauf ein ‚gutes' Licht, und stehst du zwischen ihnen. ... Und wer sich solcherweise durch die Kraft seiner Intention vom einen zum anderen erhebt, bis er zum Unendlichen (En-sof) gelangt, der muß seine Kawwana auf eine Weise lenken, die dem, was er zustande bringen will, entspricht, sodaß der obere Wille sich mit seinem Willen kleidet."

Diese Beschreibung ist wohl nicht Jedermanns Sache: Inhaltlich nicht und auch aus Verständnisschwierigkeiten. Vielleicht ist dies der Grund, daß sich so wenig Menschen, jüdischen oder anderen Glaubens, mit der Kabbala beschäftigen.

Ich möchte schließen mit einem Gebet aus „Keter Malchut" (Königskrone) von Schlomo Ibn-Gwirol, 1020-1060, Spanien:

Lebenslange Treue

Ich such' dich in der Frühe, mein Schutz und meine Zuflucht;
am Morgen und am Abend, mein G-tt bet' ich zu dir.
Vor deiner Größe steh ich, ich stehe voller Furcht,
denn alles, was ich denke, ist dir, G-tt, bekannt.
Die Zunge, der Verstand, was können sie vollbringen?
Was ist schon meine Kraft, mein Geist in meinem Inneren.
Der Menschen Lied gefällt dir;
ich danke dir dafür, so lang ich Leben habe, das du mir schenkst,
o G-tt.

5. Islam

Die Mystik ist im Islam wichtig, weil seine Kultur, besonders der Volksislam, bis heute mit ihr und von ihr durchdrungen ist.

Sie ist jedoch vor allem ein zutiefst religiöses Phänomen, denn sie verkörpert das Streben nach individueller Vertiefung des Glaubens, nach einer inneren Erfahrung Gottes mit dem letzten Ziel, in der *unio mystica*, der einheitlichen Zusammenschau aller Gegensätze, den göttlichen Ursprung der Welt zu erfahren und in ihm selig zu sein. Eine solche vertiefte Religion ist von Beginn an darauf angelegt, jede Form von gesetzeshafter Orthodoxie entweder abzulehnen oder doch in das zweite Glied zu verweisen, wenn nicht gar zu überwinden. Mystik hat generell die Tendenz zu einer Haltung, die vor allem auf Gottes Liebe, Barmherzigkeit und Gnade setzt.

Die Mystiker im Islam nahmen gegenüber dem religiösen Gesetz zwei Haltungen ein: Ein großer Teil befolgte es, sah in ihm jedoch nur die äußerliche Seite des Glaubens. Ein kleinerer Teil lehnte das Gesetz ab.

Zu den frühesten Gestalten der islamischen Mystik gehörte auch eine Frau, Rabia al-Adawiyya, die am Ende des 8. Jahrhunderts in Basra lebte. Von ihr wird berichtet, daß sie mit einer Fackel in der einen Hand und mit einem Eimer mit Wasser in der anderen Hand durch die Stadt gelaufen sei. Mit der Fackel wollte sie das Paradies verbrennen und mit dem Wasser das Höllenfeuer auslöschen, damit sie Gott lieben könne ohne Angst vor der Strafe in der Hölle oder der Hoffnung auf die Belohnung im Paradies. Dieses Beispiel verkörpert die Grundhaltung der islamischen Mystik.

Nehmen wir teil an zwei Gebeten dieser Mystikerin des Sufismus:

„Oh Gott, was immer du mir zugeteilt hast an weltlichen Dingen,
gib es deinen Feinden;
und was immer du mir in der kommenden Welt zugeteilt hast,
gib das deinen Freunden;
denn du genügst mir."

„Oh Gott, wenn ich dir diene aus Furcht vor der Hölle,
so verbrenne mich darin;
und wenn ich dir diene in der Hoffnung auf dein Paradies,
so schließe mich davon aus.
Wenn ich dir aber diene um deiner Selbst willen,
so lasse mich nicht deine ewige Schönheit entbehren."
nach „Muslim Saints and Mysties", S. 51, in 'Sufitum im Islam'

Insgesamt kam es zu zwei verschiedenen Formen mystischen Lebens im Islam, die man als Liebesmystik (*mahabba*) und Erkenntnismystik (*ma'rifa*) charakterisiert hat. Es gab Mystiker, die den mystischen Pfad (*tariqa*) praktisch begingen, und solche, die sich ihm eher intellektuell näherten, in einem mehr philosophischen, die Welt ausdeutenden Sinn. Beispielhaft schaltet in Rumi's Liebesmystik Gottes Liebe und Barmherzigkeit den Tod einfach aus. So wird das Lebensende des Menschen als ein konkreter Übergang in eine andere Lebensform beschrieben. Es bleibt kein Platz für den Tod:

„Siehe, ich starb als Stein und stand als Pflanze auf,
Starb als Pflanze, nahm dann als Tier den Lauf.
Starb als Tier und ward ein Mensch. Was fürcht ich dann,
Da durch Sterben ich nie minder werden kann?
Wieder, wenn ich werd' als Mensch gestorben sein,
Wird ein Engelsflügel mir erworben sein,
Und als Engel muß ich sein geopfert auch,
Werden, was ich nicht begreif', ein Gotteshauch …"
Maulana Dschalal al-Din Rumi, Persien, 1207-1273

6. Buddhismus

Der Weg zum Ende der Welt

Der Buddha wird gefragt: „Ist es wohl möglich, Herr, durch Gehen das Ende der Welt zu erreichen, dort, wo keine Geburt, kein Altern und Sterben, kein Vergehen und Entstehen ist?"

„Freund, nicht ist man imstande, durch Gehen das Ende der Welt zu erreichen, dort, wo es weder Geburt gibt, noch Altern und Sterben, weder Vergehen noch Entstehen."

„Und doch, Freund, lehre ich nicht, daß man, ohne das Ende der Welt erreicht zu haben, dem Leiden ein Ende machen kann.

Das aber verkündige ich: In diesem klaftergroßen, gebrechlichen Leib, mit Wahrnehmung und Bewußtsein versehen, darin ist die Welt enthalten, der Welt Entstehung, der Welt Ende und der zu der Welt Ende führende Pfad."

Anguttava Nikaya (ca. 5. Jh. n. Chr.)

Das todlose Reich

„Es gibt ein Nicht-Geborenes, Nicht-Gewordenes, Nicht-Geschaffenes, Nicht-Gestaltetes.

Wenn es dies Nicht-Geborene, Nicht-Gewordene, Nicht-Geschaffene, Nicht-Gestaltete nicht gäbe, dann wäre hier ein Entrinnen aus dem Geborenen, Gewordenen, Geschaffenen, Gestalteten nicht zu erkennen."

„Es ist jenes Reich, wo nicht Erde noch Wasser ist, nicht Feuer noch Luft, nicht unendliches Raumgebiet noch Bewußtseinsgebiet noch andere Versenkungsbereiche, nicht diese noch eine Welt, weder Sonne noch Mond. Das nenne ich weder Kommen noch

Gehen, weder Bestehen noch Vergehen. Ohne Stützpunkt, ohne Anfang, ohne Grundlage ist das. Eben das ist das Ende des Leidens."   *Udana (ca. 5. Jh. n. Chr.)*

7. Lied: **Freunde, daß der Mandelzweig** (s.o., S. 45) EG 655

8. Christentum, römisch-katholisch

Wenn vom Ewigen die Rede ist, so ist damit angedeutet, daß jenseits unserer menschlichen Erfahrungen etwas geglaubt und gehofft wird. Nicht wenige tun dies ab als Ablenkung von den realen irdischen Verhältnissen, als Vertröstung auf ein Später, damit hier alles so bleiben kann. Und doch ist es gerade das Offensein für das Ewige die Quelle, um diese Welt hier und jetzt zu gestalten; das Offensein für das, was immer Bestand haben wird; was nicht den Launen von uns Menschen unterworfen ist. Es ist die Mystik, die unser Tun in einem größeren Ganzen verankert. Dabei ist das Ewige an sich noch keine Qualität. Aber der Glaube vertraut darauf, daß dieses Ewige auch das Gute, das Erlöste ist. Von daher kann unsere irdische Existenz ihre Orientierung erhalten. So wird das Bemühen um Frieden erst dort wirklich tragfähig, wo es sich speist aus der tiefen Überzeugung, aus dem Urvertrauen darauf, daß der Sinn unseres Lebens, daß das Ziel jeglicher Existenz der Frieden selbst ist. Wenn wir daraus schöpfen können, sind wir in der Lage, den Schritt mehr zu tun, der notwendig ist, wenn Frieden dauerhaft gelingen soll. Dann können wir das Mühen um Frieden als eine wesentliche Dimension unseres Lebens verstehen. Wir erleben, daß sich darin das Geheimnis unserer Existenz erschließt.

In einem wunderbaren Text, der in den christlichen Kirchen häufig zitiert wird, hat der Apostel Paulus diese mystische Sicht beschrieben. Auch die beeindruckendsten Fähigkeiten eines Menschen, auch die größten Anstrengungen können ihre Wirkkraft verlieren, wenn sie nicht aus der Liebe gespeist sind. Es ist die Liebe zu Gott und den Menschen, die die Räume erschließt, in denen das neue Leben entstehen kann. Es ist die Liebe, die befähigt, den ersten Schritt zu tun; die der Antrieb ist, nicht beim Erreichten stehen zu bleiben; die die Kraft verleiht, sich nicht von Rückschlägen und Niederlagen bremsen zu lassen. Gott selbst ist diese Liebe, die sich in ihrer Grenzenlosigkeit in Jesus Christus gezeigt hat, wie Christinnen und Christen glauben. Hier liegt auch der Schlüssel zum Verständnis, wie die verschiedenen Ebenen zusammenhängen: Der Pfad führt zum Ewigen hin. Aber doch nur, um zurückzuführen in unser alltägliches Mühen um eine bessere Welt.

Eine Kirchenversammlung hat dies in die Worte gebracht:

„Je mystischer wir sind, um so politischer sind wir;
je politischer wir sind, um so mystischer.“

1. Korintherbrief Kap. 13, Verse 1-8 (Einheitsübersetzung)

(1) Wenn ich in den Sprachen der Menschen und Engel redete, hätte aber die Liebe nicht, wäre ich dröhnendes Erz oder eine lärmende Pauke.

(2) Und wenn ich prophetisch reden könnte und alle Geheimnisse wüßte und alle Erkenntnis hätte; wenn ich alle Glaubenskraft besäße und Berge damit versetzen könnte, hätte aber der Liebe nicht, wäre ich nichts.

(3) Und wenn ich meine ganze Habe verschenkte und wenn ich meinen Leib dem Feuer übergäbe, hätte aber der Liebe nicht, nützte es mir nicht.

(4) Die Liebe ist langmütig, die Liebe ist gütig. Sie ereifert sich nicht, sie prahlt nicht, sie bläht sich nicht auf.

(5) Sie handelt nicht ungehörig, sucht nicht ihren Vorteil, läßt sich nicht zum Zorn reizen, trägt das Böse nicht nach.

(6) Sie freut sich nicht über das Unrecht, sondern freut sich an der Wahrheit.

(7) Sie erträgt alles, glaubt alles, hofft alles, hält allem stand.

(8) Die Liebe hört niemals auf.

9. Hinduismus

Der Hinduismus besitzt vermutlich die älteste Tradition der Mystik. In der hinduistischen Philosophie, insbesondere im metaphysischen System des Advaita-Vedanta, ist das „Selbst" oder Atman eines Menschen ein Teil des „höchsten Selbst" oder Brahman. Die scheinbare Trennung von Wesen und Erscheinung gilt als Trugbild (maya), das aus der Gewohnheit von Denken und Fühlen entstanden ist. Dieses Trugbild kann durch die Erkenntnis der grundlegenden Einheit von Atman und Brahman durchschaut werden.

Sobald der Mystiker die Unwissenheit (avidaya) überwunden hat, auf der die scheinbare Getrenntheit von Subjekt und Objekt, von Selbst und Nicht-Selbst, beruht, ist ein mystischer Zustand der Befreiung (moksha) erreicht.

Durch die Praxis des Yoga überwindet der hinduistische Mystiker das Gefühl der persönlichen Identität und macht dadurch den Weg für eine Erfahrung der Vereinigung mit dem göttlichen Selbst frei. Die Mystik wird in Indien traditionell von den Sadhus praktiziert, die eine strenge Askese befolgen, zu der es z.B. gehört, keine Kleidung zu tragen.

Erleuchter meines Denkens,
Tröster meines Herzens, Helfer meines Geistes,
Deine Gegenwart erhebt mich von der Erde zum Himmel,
Deine Worte fließen wie der Heilige Fluß,
Dein Gedanke steigt auf wie ein göttlicher Quell,
Deine Milde erweckt Zuneigung in meinem Herzen.

Geliebter Lehrer,
Dein ganzes Wesen ist Vergebung.
Dein durchdringender Blick zerstreut die Wolken des Zweifels
und der Furcht.
In Deiner erleuchtenden Gegenwart schwindet alle Unwissenheit.
Eine neue Hoffnung wird in meinem Herzen geboren,
wenn ich Deine friedvolle Atmosphäre atme.

O erleuchtender Führer
durch des Lebens verwirrende Wege.
Du bist die Vollkommenheit der Liebe, der Harmonie und der
Schönheit,

der einzig Seiende.
In Deiner Überfülle von Segen
fühle ich mich vereint mit all den erleuchteten Seelen.

10. Christentum, evangelisch
Mystik, das Stillesein und der Atem

„Mystik" leitet sich aus dem Griechischen ab und heißt wörtlich „die Lippen zusammenpressen", weiter gefaßt: Lippen und Augen schließen. Wahrlich mystisches Verhalten ist das Schweigen und das Stille halten. Die Propheten kannten die Kraft, die aus der Stille kommt. Sie betrachteten auch den bloßen Aktionismus für schädlich. So sagt Jesaja zu seinen Landsleuten: „Durch Stillesein und Hoffen würdet ihr stark" (Jesaja 30, 5c).

Wer ein mystisches Leben führen will, wird immer wieder die Stille suchen und aus der Stille heraus die Wirklichkeit des Lebens sehen. Mystik ist ein Weg, und der eigentlich Handelnde ist Gott. Die Begegnung mit Gott ist in der Bibel in vorzüglicher Weise über die Erfahrung des Schweigens und der Stille bezeugt. „Seid stille und erkennet, daß ich Gott bin!" heißt es im Psalm 46, 11. In der Stille kann ich das Wirken des Geistes Gottes (ruach = Wind, Atem, Geist) an mir wahrnehmen. Er ist das Lebensprinzip Gottes, sein Schöpfungswille, seine Schöpfungskraft. Durch mein Atmen kann ich eine leise Ahnung bekommen von seinem großen Atem. Im Rhythmus des Ein- und Ausatmens kann ich den Rhythmus der Schöpfung erleben: Werden und Vergehen, Ergreifen und Loslassen, Arbeit und Ruhe, Geben und Nehmen, Erschlaffen und Neuwerden, Lachen und Weinen, Freude und Trauer, Licht und Dunkel, Tag und Nacht.

Am Abend des Ostertages hauchte Jesus seine Jünger an und sagte: „Nehmet hin den heiligen Geist!" (Johannes 20,22b). Er erfüllte sie mit dem Frieden Gottes.

Das Spüren des eigenen Atems ist eine Kraftquelle und ein Weg, mit Schöpferkraft erfüllt, ein verantwortliches Leben zu führen gegenüber sich selbst und der ganzen Schöpfung.

Laßt uns beten zu Gott:
Wir suchen die Kraft, die von dir ausgeht, um aus den Teufels-
kreisen von Gewalt und Gegengewalt aussteigen zu können.
Wir denken an die Menschen, die Verletzungen erlitten haben und
in denen dadurch die Liebe zerbrochen ist. Sie beginnen, selbst
Gewalt zu gebrauchen, um sich zu schützen und Gerechtigkeit
wiederherzustellen. Sie schlagen zurück oder verletzen stellvertre-
tend andere und nicht selten sich selbst. Sie teilen aus und stecken
wieder ein, werden unempfindsam gegen den Schmerz anderer,
weil sie den eigenen nicht mehr spüren. Dieser Teufelskreis aus
Verletzung und Gewalt, diese dauernde Kriegsgefahr, bringen wir
vor dich.

Wir rufen dich an, den Vater Jesu Christi, der die Gewaltlosigkeit
liebt:
Laß uns nicht hart werden, sondern empfindsam bleiben, den eigenen Schmerz nicht zu verleugnen. Gib uns ein behutsames und
weites Herz, damit bei uns selbst die Vergebung beginnen kann
als erster Schritt aus dem Teufelskreis aus Verletzung und Gewalt.
Gib uns Geistesblitze, in gefährlichen Situationen das Überra-
schende zu tun. Umgib uns und alle Menschen mit deiner Fürsorge, damit Verletzungen heilen und schützende Lebensräume entstehen können.
Es geht uns besser als den meisten Menschen auf dieser Erde.
Aber wir sind verstrickt in die Zusammenhänge, in denen die
schönen Gebrauchsmittel produziert wurden, an denen wir uns
erfreuen. Billiglöhne im Ausland ermöglichen vieles, was uns
wohl tut. Menschen arbeiten unter ungesunden und unfairen Ar-
beitsbedingungen und geraten in immer tiefere Not. Ein Teufelskreis von Armut und Verschuldung.

Wir bitten dich um die richtige Genügsamkeit und einen achtsa-
men Konsum aus fairem Handel.
Wir bitten dich um den Frieden und die Gerechtigkeit, die nur du
schenken kannst auf unserer Erde. Aber laß uns daran teilhaben
und mitwirken nach deinem Willen.

Und laß uns einstehen für die Bewahrung der Schöpfung, wo immer es uns möglich ist. Dein Atem durchdringe uns und deine Kirche und alle Menschen. Amen.

11. Bahá'i

Bahá'u'llah, der 1817 in Persien geborene Religionsstifter der Bahá'i, beschreibt in zahlreichen Heiligen Schriften den mystischen Weg des Menschen zu Gott, dem Ziel seines Daseins. Bahá'u'llah lehrt, daß der Mensch erschaffen wurde, „Gott zu erkennen und Ihn anzubeten". In dem mystischen Werk „Die Sieben Täler" wird der Weg zu Gott als eine Wanderung beschrieben, die vom „Tal des Suchens" über das „Tal der Liebe" zum „Tal der Erkenntnis" führt und schließlich ins 7. Tal mündet, das „Tal wahrer Armut und völligen Vergehens". In den „Verborgenen Worten" ermahnt Gottes Stimme die Menschen, den mystischen Pfad mit praktischen Füßen zu gehen.

Die Sieben Täler: Der wahrhafte Sucher
Der wahrhafte Sucher verfolgt nichts als den Gegenstand seines Verlangens, und der Liebende hat kein Ziel als die Vereinigung mit dem Geliebten. Doch wird der Sucher nur dann sein Ziel erreichen, wenn er allen Dingen entsagt: er muß alles, was er gesehen, gehört und verstanden hat, in den Wind schlagen können, um in das Reich des Geistes zu kommen, das die Stadt Gottes ist. Ernste Bemühung ist nötig in unserem Suchen nach Ihm und heißer Eifer, damit wir den Honig der Vereinigung mit ihm zu kosten vermögen. Doch trinken wir aus dem Kelch, so werden wir die Welt von uns werfen.

Aus den Verborgenen Worten
O Sohn der Liebe! Nur ein Schritt trennt dich von den herrlichen Höhen über dir und vom himmlischen Baum der Liebe.
Tue diesen Schritt, und mit dem nächsten tritt ein in das Reich der Unsterblichkeit, in der Ewigkeit Zeit.
Alsdann lausche dem, was die Feder der Herrlichkeit offenbarte.

Ein Gebet Bahá'u'llahs

Im Namen Gottes, des Höchsten! Gepriesen und verherrlicht sei est Du, Herr, allmächtiger Gott! Du, vor Dessen Weisheit der Weise fehlt und fällt, vor Dessen Wissen der Gelehrte sein Unwissen bekennt, vor Dessen Kraft der Starke schwach wird, vor Dessen Reichtum der Reiche seine Armut bezeugt, vor Dessen Licht der Erleuchtete sich im Dunkel verliert, zu Dessen Schrein der Erkenntnis sich das Wesen allen Begreifens hinneigt und Dessen geheiligte Gegenwart die Seelen der Menschen umkreisen.

Wie kann ich singen und sagen von Deinem Wesen, das der Weisen Weisheit und der Gelehrten Gelehrsamkeit nicht zu begreifen vermögen, da doch keiner singen kann, was er nicht faßt, noch schildern, was er niemals erreichen kann, während Du seit Ewigkeit der Unzugängliche, der Unerforschliche bist. Aber wenn ich auch die Macht nicht habe, in den Himmel Deiner Herrlichkeit aufzusteigen und mich zu den Reichen Deiner Erkenntnis zu erheben, so kann ich doch Deine Zeichen aufzählen, die von dem herrlichen Werk Deiner Hände künden …

Aller Lobpreis und alle Herrlichkeit seien Dir, o Du, von dem alle Dinge bezeugen, daß Du einer bist und daß kein Gott ist außer Dir, dem Gnädigen, dem Allgewaltigen, dem Höchsten.

12. Wir kommen zum Gebet unserer Jugend. Es ist überschrieben als

Mystik einer neuen Zukunft
(Ökumenisches Friedensgebet 2003).

<u>Tamara</u>: Du einziger Gott aller Menschen. Du hast die Erde und den Kosmos geschaffen, in ihrer Vielfalt und ihrer Schönheit. Die verschiedenen Kulturen und Religionen sind auf der Suche nach Dir, dem Ursprung von allem. Gib, Du, ewiger Gott, der Menschheit mehr Verstand und Vernunft. „Lobet den Ewigen, all ihr Völker preiset ihn, alle Nationen. Denn mächtig über uns ist seine Huld, und die Treue des Ewigen ist ewiglich. Halleluja" (Psalm 117).

Herr, einiger Gott: Mache alle zu Werkzeugen Deines Friedens.

Marcus: Unsere Eine Welt soll nach Deinem Willen ein bewohnbares und friedliches Haus für alle sein. Den Nahen Osten hast Du auserwählt, Deinen Namen und Deinen Weg mit uns an zahlreichen heiligen Orten bekannt zu machen. Abraham, Vater des Glaubens für Juden, Muslime, Bahá'i und Christen, hörte Deinen Ruf im Land zwischen Euphrat und Tigris, dem heutigen Irak. Dem alten und neuen Volk Israel hast Du in besonderer Weise Leben und Zukunft zugesagt. Als Christinnen und Christen danken wir Dir vor allem für unseren Herrn und Bruder Jesus Christus. Er ist unser Friede. Er ist gekommen, um Mauern niederzureißen und allen ohne Unterschied Leben und Zukunft zu schenken.
Herr, einiger Gott: Mache alle zu Werkzeugen Deines Friedens.

Olivia: Wir beten zu Dir in Verbundenheit mit allen Brüdern und Schwestern aus jenen Religionen, die im Nahen Osten ihren Ursprung haben. Uns alle hast Du nach Deinem Bild und Gleichnis geschaffen, alle sind Dein Ebenbild. Allen, die Dich in Wahrheit suchen, hast Du Hunger und Durst nach Gerechtigkeit und Sehnsucht nach Frieden eingegeben. Alle, Muslime, Bahá'i, Christen und Mitglieder des Volkes Israel, sehnen sich nach Versöhnung. Alle trauern um die Opfer von Hass und Gewalt. Alle sind nach Deinem Plan berufen, an einer neuen Welt zu bauen.
Herr, einiger Gott: Mache alle zu Werkzeugen Deines Friedens.

Raffael: Herr, einiger Gott, erbarme Dich aller Opfer und aller Täter in aller Welt. Beende überall die Spirale der Gewalt, der Feindbilder, des Hasses, der Vergeltung. Schenke allen, besonders den Verantwortlichen in der Politik, die Einsicht, daß der Weg zum dauerhaften Frieden nicht der Krieg, sondern der Einsatz für Frieden und Gerechtigkeit ist. Erwecke in allen Religionen auch heute Werkzeuge, Botinnen und Boten einer anderen Welt. Mache, daß die Herzen sich auftun und der Krieg beendet ist, noch bevor er beginnt. Schenke der Welt einen dauerhaften Frieden und laß eine sichere Heimat für alle entstehen.
Herr, einiger Gott: Mache alle zu Werkzeugen Deines Friedens.

Thayalan: Gib, Herr, daß alle Menschen guten Willens aus allen Religionen und auch alle, die keiner Religion angehören, in Nord und Süd, in Ost und West, in gemeinsamer Verantwortung, die Berge der Mißverständnisse abtragen, die Gräben des Hasses zuschütten, und Wege für eine gemeinsame Zukunft ebnen. Laß in der Einen Welt die Waffen schweigen. Laß dafür den Ruf nach Frieden lauter werden, für alle ohne Unterschied.

Herr, einiger Gott: Mache alle zu Werkzeugen Deines Friedens.

Nach Hermann Schalück, Franziskaner, Präsident von Missio, Aachen, − modifiziert, aus Pax Christi, Rundbrief der Bistumsstelle Rottenburg-Stuttgart, Nr. 29, 2003, S. 10.

13. **Abendgebet der Kekchi-Indianer**, Mittelamerika, 19. Jh.
Morgen ist wieder der Tag, morgen ist wieder das Sonnenlicht.
Ich weiß nicht mehr, wo ich dann sein werde.
Wer ist meine Mutter, wer ist mein Vater?
Nur Du, oh Gott, Du siehst mich,
Du beschützt mich auf jedem Wege,
in jeder Dunkelheit, vor jedem Hindernis,
das Du verstecken, das Du beseitigen mögest!
Du, o Gott, Du mein Herr, Du der Herr der Berge und Täler!
Aus: Chr. Einiger/ Ch. Waldemar: Die schönsten Gebete der Welt, München, 1964, S. 157

14. **Rumi und klassische Musik**
Ohne Worte werde ich mit dir sprechen
Nur deine Ohren hören die Worte, die ich spreche
Obwohl ich sie laut in die Menge spreche.
Nur deine Ohren hören die Worte, die ich spreche …

Das ist die Stimme des Herzens, das ist die Sprache der Musik und Poesie. Es ist die Sprache von Rumi, einem persischen Mystiker des 13. Jahrhunderts. Er diente Gott und betete zu ihm durch Musik, Poesie und Tanz. Diese waren ihm Stufen zu Gott, d.h. zu sich selbst. Die Wörter seiner Poesie sind knapp, präzise, nicht abstrahiert und aneinander gepreßt gedichtet. Trotzdem hat jedes Wort genügend Raum und Platz, jedes Wort tanzt wie ein Derwisch um seine eigene Achse und gleichzeitig in der Runde. Sie symbolisieren Erde und Kosmos; sie charakterisieren ihren Erschaffer, Mewlana Rumi, der Teil und zugleich Ganzheit war. Jedes Wort von ihm ist ein Ganzes und sein riesiges Werk, bestehend aus 72.000 Zeilen, ist ein Teil des Ganzen. Er befreite sich vom engen Korsett der Religionen, er wählte: Aihne-Mehr, d.h. Mystischer Pfad, als Pfad der Liebe, Sufismus:

Bisweilen sind wir sichtbar, bisweilen verborgen,
bisweilen Muslims, Christen oder Juden.
Wir durchlaufen viele Formen,
bis unser Herz Zufluchtstätte für alle wird.

Rumis Sehnsucht nach Gottesbegegnung, und nicht das Schicksal verhalf ihm zu einer Begegnung mit Schams, „der Sonne aus Tabriz", einem unbekannten Wanderderwisch. Er, der Schams, „diese Sonne", half ihm, dem bekannten, beliebten und gelehrten Rumi von der reinen Wissenschaft loszukommen und er zeigte ihm, daß Gott nur durch Liebe zu erreichen ist. Schams wurde Rumis Ebenbild, ein Ebenbild Gottes. Seine Liebesgedichte gelten äußerlich dem Schams, in Wahrheit ist Gott gemeint. Der Wein ist Metapher für die Konzentration des Geistes. Dieser Wein wird in Kharabat, einem Gotteshaus, einem Wirtshaus der Liebe ausgeschenkt. Dieser Wein gärt in Liebe, durch Liebe. Nur die Angetrunkenen, d.h. diejenigen, die sich an die Mühe des Weges gewagt haben, sind in der Lage, diesen Wein zu trinken. Für die Nüchternen ist jeder Tropfen zu schade.
Rumis Sprache ist Melodie, die beim Übersetzen nicht wiedergegeben werden kann. Deshalb zitiere ich manche Gedichte in persischer Sprache, in der Hoffnung, Ihre Herzen zu treffen. Seine Sprache ist zeit- und grenzlos. Die europäische Musik, die auch Herr Maysenhölder ausgesucht hat, und Rumis Sprache treffen sich auf einer tiefen Ebene in uns. Sie begleiten und tragen einander. Hier werden die Mauern sich öffnen, die Welten sich verbinden und die Kulturen verschmelzen.

M. Reza Maschajechi, Nürtingen/Persien

Persische Texte

Oh ihr Pilger zu Mekka. Wo seid ihr, wo seid ihr?
Schon ist hier der Gebieter. Kommt her, kommt her!
Wand an Wand euer Nachbar, der Gebieter, hier wohnt er.
Irrt nicht umher in der Wüste, er ist hier, er ist hier.
Hier werdet ihr seh'n ihn, sein bildloses Antlitz.
Ihr selbst seid der Herr, seid das heilige Haus und die Kaaba.
Oft seid ihr, oh Wanderer, gepilgert zum Gotteshaus.
Betretet doch einmal das Haus, das ihr selbst seid.
Jenes Haus, es ist fein, gut habt ihr's beschrieben.
Beschreibt denn nun den Herrn dieses Hauses.
Suchet den Blumenstrauß. Wenn ihr den Garten geseh'n habt.
Suchet das Juwel des Lebens, die ihr stammet aus Gottes Meer.
Trotz allem, trotz allem. Ein Schatz ist eure Mühe.
Wie schade, ihr selbst steht im Weg euch zu ihm.   G 648

Dieses reine Herz läßt dich zu deinem Gebieter gelangen eines Tages. Diese reine Seele läßt dich zu deinem Gebieter gelangen eines Tages. Verliere nicht den Mut, ertrage den Trennungsschmerz, dieser Trennungsschmerz wird sein deine Heilung, eines Tages.   R 1990

Freude entsteigt der Traurigkeit. Im Fallen bin ich zum Aufstehen bereit. Regungslos, still wie die Erde bin ich. Die Stille, ein Donnergeschrei, das den Himmel erreicht.   R 115

Loben und loben verleiht dem Mond noch mehr Glanz. Den Irrläufer führt er zum Weg der Wahrheit ganz. Rufe auf, rufe auf beim Morgengebet, beim Abendgebet diesen Refrain:
Es gibt einen Gott, es gibt einen Gott, außer ihm keinen.   R 11

O sterbet, o sterbet, in dieser Liebe sterbet.
Wenn ihr in Liebe sterbet, daß ihr den Geist erwerbet!
O sterbet, o sterbet, und fürchtet euch vorm Tod nicht.
Wenn ihr vom Staub befreit seid, daß ihr den Himmel erbet.
O sterbet, o sterbet, gebet auf eure Begierde,
Ihr seid die Geiseln, die Begierde hat euch gefesselt.

Nehmet eine Axt, vernichtet, verlasset das Verließ.
Wenn ihr befreit seid aus dem Verließ
so werdet ihr als Könige und Emire gefeiert.
O sterbet, o sterbet, sterbet vor dem schönen König.
Ihr werdet selbst zu Königen, wenn ihr vor ihm sterbet.
Kommet heraus, Kommet heraus hinter dunklen Wolken.
Wenn ihr wollt: wie der Vollmond strahlet.
Wählet die Stille, wählet die Stille, die Stille gleicht dem Tod.
In der Stille ruht die Bewegung, wenn ihr dies bestrebet.   G 636

Oh Gott, diese Bindung soll nie geschieden werden. Die Freude der Liebe soll nie zur Trauer werden. Der Lebensgarten soll immer grün bleiben. Wir Berauschten, wie auch unser Blumenhain, sollen verschont bleiben. Oh Gott, der Herbstwind soll den Zweigen und den Blättern nichts anhaben.

Laß uns nicht umherirren, vertreibe uns nicht aus unserem Haus.

Vom Baum, wo deine Vögel ihr Nest haben,
breche die Äste nicht, verscheuche die Vögel nicht.
Wir sind dein Werk, wie auch das Kerzenlicht der Liebe
dein Werk ist. Zerstör' es nicht!
Nur Feinde sollst du bekriegen, ihnen keine Ruhe gönnen.

(Reza Maschajechi hat den Wortlaut seiner persischen Sufi-Rezitationen freundlicherweise als deutsche Texte überlassen. Zusammen mit einer klassischen Orgelbegleitung durch Herrn Maysenhölder war dies wohl eine der bewegendsten, erstmaligen und einmaligen Darbietungen dieser Art überhaupt.)

15.   Dank, mit einem kleinen Reuchlin-Heft (aus Anlaß der Reuchlin-Ausstellung hier) an alle Beteiligten als kleines ökumenisch-historisches Zeichen der Verbundenheit und Erinnerung, denn Reuchlin hatte sich erfolgreich gegen die Verbrennung jüdischer Literatur ausgesprochen.

Schalom   Salaam

10. 2004: *Alexandria-Erklärung –*
ein Weg zum Frieden
nicht nur im Nahen Osten

Herzlich Willkommen zum
Ökumenischen Abendgebet für den Frieden
am 5. Dezember 2004 in der Hospitalkirche Stuttgart

Thema:
Alexandria-Erklärung
vom 21. Januar 2002
Ein Weg zum Frieden nicht nur im Nahen Osten

Ausgerichtet von WCRP Stuttgart
im Rahmen des Jahresthemas 2004:
Wie können sich Religionen gemeinsam
für eine menschliche und nachhaltige Zukunft einsetzen?
Es beteiligen sich Vertreter von 6 verschiedenen Religionen:
Bahá'i, Buddhismus, Christentum, Hinduismus, Islam, Judentum.

Kommentar:
Eine der wichtigsten und existentiellen Aufgaben
in der Weltgeschichte und des 21. Jahrhunderts dürfte
die Frage und die Verwirklichung
von Dialog und Zusammenarbeit der Weltreligionen sein.
Zentrale Voraussetzung ist die Toleranzfähigkeit
insbesondere unter den abrahamischen Religionen.
Ein Schlüsselpunkt ist zweifelsohne das Heilige Land

und der Nahe Osten.
Die ‚Alexandria-Erklärung' ist <u>der</u> religiöse Versuch um Frieden
sicher nicht nur im Nahen Osten!

Möglichst viele religiöse Menschen mögen sich beteiligen an einer
Unterstützungs-Erklärung
für eine eingerichtete Gemeinsame Kommission! Siehe S. 136

Orgeleinleitung	Georg Ammon, Organist
Begrüßung	Ulrich Börngen

Im Namen des allmächtigen, gnädigen und mitfühlenden Gottes
Lukas, 2, 13-14   *nach Jörg Zink, 1965/1982*
„Denn es ist die zentrale Botschaft des Menschensohnes, Jesus von
Nazareth, die schon in der Nacht seiner Geburt von Engeln gesun-
gen wurde, wie ein Lied für die ganze Welt:
Mit einemal aber stand bei dem Engel die Menge himmlischer We-
sen, die rühmten Gott und riefen: Ehre sei Gott in der Höhe und
Frieden auf Erden euch Menschen (– allen Menschen –) den Gott-
geliebten!"

Lied: **Gott gab uns Atem, damit wir leben** EG 432   G. Ammon
Gott gab uns Atem, damit wir leben, er gab uns Augen, daß wir uns
sehn. Gott hat uns diese Erde gegeben, daß wir auf ihr die Zeit bestehn. Gott hat uns diese Erde gegeben, daß wir auf ihr die Zeit
bestehn.
Gott gab uns Ohren, damit wir hören. Er gab uns Worte, daß wir
verstehen. Gott will nicht diese Erde zerstören. Er schuf sie gut, er
schuf sie schön. Gott will nicht diese Erde zerstören. Er schuf sie
gut, er schuf sie schön.
Gott gab uns Hände, damit wir handeln. Er gab uns Füße, daß wir
fest stehn. Gott will mit uns die Erde verwandeln. Wir können neu
ins Leben gehen. Gott will mit uns die Erde verwandeln. Wir können neu ins Leben gehen.

Einführung zum Thema: Ulrich Börngen
Wortlaut der Alexandria-Erklärung: Gemeinsame Friedenser-
klärung von Juden, Christen und Muslimen in Nahost. „Erste

126

Erklärung der religiösen Führer des Heiligen Landes" vom 21. Januar 2002 in Alexandria.

„Im Namen des allmächtigen, gnädigen und mitfühlenden Gottes.

Wir, die wir uns als religiöse Führer der muslimischen, christlichen und jüdischen Glaubensgemeinschaften versammelt haben, beten für einen wahrhaftigen Frieden in Jerusalem und im Heiligen Land. Wir erklären unsere Verpflichtung, dafür einzutreten, dass die Gewalttaten und das Blutvergießen ein Ende finden, durch die das Recht auf ein Leben in Würde geleugnet wird.

Entsprechend unserer Glaubensüberlieferungen ist es eine Entweihung des heiligen Namens Gottes, wenn unschuldige Menschen in seinem Namen getötet werden. Dies bringt die Religion weltweit in Mißkredit. Die Gewalt im Heiligen Land ist gottlos und muß von allen Menschen guten Willens bekämpft werden. Wir möchten als Nachbarn zusammenleben in gegenseitiger Achtung der Unversehrtheit unseres jeweiligen geschichtlichen und religiösen Erbes. Wir rufen alle auf, Hetze, Hass und falsche Darstellung des anderen zu bekämpfen.

1. Das Heilige Land ist allen drei Religionen heilig. Deshalb müssen die Gläubigen dieser göttlichen Religionen seine Heiligkeit anerkennen, und Blutvergießen darf das Land nicht beflecken. Die Heiligkeit und Unantastbarkeit der Heiligen Stätten muß gewahrt werden, und die Freiheit zur Feier des Gottesdienstes muß für alle gewährleistet sein.

2. Palästinenser und Israelis müssen anerkennen, dass sie durch den Willen Gottes und durch die Gnade des Schöpfers in demselben Land leben, das das Heilige genannt wird.

3. Wir rufen die Politiker beider Völker auf, sich für eine gerechte, sichere und dauerhafte Lösung im Geist der Worte des Allmächtigen und der Propheten einzusetzen.

4. Als einen ersten Schritt fordern wir jetzt einen religiös sanktionierten Waffenstillstand, der von allen Seiten beachtet und eingehalten wird, und wir fordern, dass die Empfehlungen

des Mitchell- und des Tenet-Plans umgesetzt werden, einschließlich der Aufhebung der Restriktionen und der Rückkehr zu Verhandlungen.

5. Wir möchten dazu beitragen, eine Atmosphäre zu schaffen, in der gegenwärtige und zukünftige Generationen in gegenseitiger Achtung und im Vertrauen zum Anderen miteinander leben können. Wir rufen alle auf, der Hetze und Dämonisierung Einhalt zu gebieten und unsere zukünftigen Generationen entsprechend zu erziehen.

6. Als religiöse Führer verpflichten wir uns, die gemeinsame Suche nach einem gerechten Frieden fortzusetzen, der zur Aussöhnung in Jerusalem und im Heiligen Land führt, zum Wohl aller unserer Völker.

7. Wir erklären die Einrichtung einer Ständigen Gemeinsamen Kommission, um die Empfehlungen dieser Erklärung umzusetzen, und suchen dementsprechend das Gespräch mit unserer jeweiligen politischen Führung."

Unterzeichner der Erklärung sind:
Der Erzbischof von Canterbury, George Carey (Schirmherr der Konferenz);
der Sephardische Oberrabbiner von Israel, Eliyahu Bakshi-Doron;
der stellvertretende Außenminister des Staates Israel, Rabbi Michael Melchior;
der Lateinische Patriarch von Jerusalem, Michel Sabbah;
der Melkitische Erzbischof von Jerusalem, Boutros Mualem;
der Anglikanische Bischof von Jerusalem, Riah Abu El-Assal und Repräsentanten des Griechischen und Armenischen Patriarchats von Jerusalem;
der Oberste Richter der Sharia-Gerichtshöfe, Sheikh Taisir Tamimi;
der Minister der Palästinensischen Autonomiebehörde, Sheikh Talal Sider;
der Rektor der Al-Azhar Universität in Kairo, Gross-Sheikh Mohammed Sayed Tantawi.

128

Die drei wichtigsten Aussagen aus christlicher Sicht:

- Im Namen des allmächtigen, gnädigen und mitfühlenden Gottes.
  Damit liegt ein nachahmenswertes Vorbild für die ganze Menschheit im Sinne einer „Ökumene der Weltreligionen" vor.

- Recht auf ein Leben in Würde
  („Ehrfurcht vor dem Leben", Albert Schweitzer)
  – ohne Gewalt –
  ohne Hetze, Hass und falsche Darstellungen,
  was besonders die Pädagogik und junge Menschen angeht.

- Forderung nach Heimat (mehr als Staat)
  für Juden (Israel), Muslime (Palästina) und Christen
  – in beiden Bereichen

Orgel   Georg Ammon

Jüdischer Beitrag: Lesung aus der Thora   Jan Jakubowski
1. Mose 9, 1-17
Und Gott sprach zu Noah und zu seinen Söhnen, die bei ihm waren:
Ich aber, siehe, ich errichte einen Bund mit euch und mit euren Nachkommen nach euch, und mit allen lebenden Wesen, die bei euch waren, mit den Vögeln, dem Vieh und allem Wild des Landes bei euch, so viel ihrer von allen Tieren der Erde aus der Arche gegangen sind. Ich will nämlich einen Bund mit euch errichten, dass nicht mehr alle Wesen durch die Wasser der Flut vertilgt werden, und keine Flut mehr komme, die Erde zu verderben. Und Gott sprach: Dies sei das Zeichen des Bundes, den ich stifte zwischen mir und euch und allen lebenden Wesen, die bei euch waren, für ewige Zeiten: Meinen Bogen habe ich in die Wolken gestellt, er soll ein Zeichen des Bundes zwischen mir und der Erde sein. Wenn ich Wolken über der Erde sammle, und dieser Bogen im Gewölk sichtbar wird, so gedenke ich des Bundes zwischen mir und euch und allen lebenden Wesen unter allen Geschöpfen, dass die Wasser

nicht mehr zur Flut werden, alle Geschöpfe zu verderben. Und wenn der Bogen in den Wolken ist, will ich auf ihn sehen, um mich des ewigen Bundes zu erinnern zwischen Gott und allen lebenden Wesen unter allen Geschöpfen auf Erden.

Und Gott sprach zu Noah: Dies ist das Zeichen des Bundes, den ich zwischen mir und allen lebenden Wesen unter allen Geschöpfen auf Erden errichtet habe.

Deutsche Übersetzung von J. Wohlgemuth und J. Bleichrode

Lied zum Abschluß eines Synagogenbesuches

vorgetragen von Jan Jakubowski:

ADON OLAM ASHER MALACH, BTEREM KOL YETZIR NI-VRA.

Der Herr der Welt, er hat regiert, eh' ein Gebild geschaffen war.

LEET NAASA BCHEVTZO KOL, AZAI MELECH SHMO NI-KRA.

Und Zeit, da durch seinen Willen das All entstand, da wurde sein Name König genannt.

VEACHAREI KICHLOT HAKOL, LEVADO IMLOCH NORA.

Und nachdem das All aufhören wird, wird er allein, der Ehrfurchtbare.

VEHU HAYA VEHU HOVEH, VEHU YIHIYE BETIFARA.

Er war, er ist, und er wird sein in Herrlichkeit.

Muslimischer Beitrag   Cäcilia Demir

Religionsgemeinschaft des Islam Baden-Württemberg

Wir erleben heute in vielen Regionen auf der Welt, im Nahen Osten, in Israel, im Irak, Iran, Afghanistan, Sudan ... Ausbrüche von Gewalt, – und Fälle von Militanz erleben wir auch hier. In der Frontenbildung spielt Religion und die Religionszugehörigkeit eine entscheidende Rolle. Wenn man genauer hinschaut, ist die Ursache der Konflikte aber nicht die Religion, vordergründig wird sie nur vorgeschoben. Im Grunde geht es um Materielles, um Ressourcen, Not, Neid, Macht, Gier. Die Ignoranz und Dummheit vieler Gläubigen werden ausgenutzt.

Für alle Fehler und Untaten muss Religion herhalten. Die Gläubigen, die ein bisschen eine andere Meinung haben, fallen in Ungnade. Religion für politische Zwecke, für Parteilichkeiten einspannen, in der eigenen Vorteilsuche, heißt seine Religion mit Füßen treten.

Religion steht über Allem. Sie soll mahnend helfen, in Gerechtigkeit die Dinge zu lösen mit gewaltfreien, friedlichen Mitteln. Die von Religion abgeleiteten Feindbilder müssen wir überwinden, müssen wir zerschlagen, und den geistigen Brandstiftern den Boden entziehen.

Das bedeutet: Anerkennung Anderer. Die Ablehnung Andersgläubiger ist mit dem Koran nicht zu rechtfertigen. Dort heißt es an zwei Stellen:

„Diejenigen, die glauben, die dem Judentum angehören und die Christen und die Sabier (Bezeichnung für Leute, die einer anderen Religion angehören), die an Gott und den Jüngsten Tag glauben und tun, was recht ist, denen steht bei ihrem Herrn ihr Lohn zu und sie haben nichts zu befürchten und sie werden nicht traurig sein."   *Sure 2, 62 und Sure 5, 69*

Wir müssen unsere wahren Feinde erkennen:
„Unsere Feinde und Gegner sind nicht die Anderen. Unsere Feinde sind Unwissenheit, Armut, Hass. Um diesen Feinden entgegenzutreten, erwerbt Wissen, Qualifikation **und** Solidarität" sagt der Islamgelehrte Said Nursi.

Weiter bedarf es der Vermittlung und Erfahrung der Idee der solidarischen Lebensgemeinschaft aller über Religionen hinweg. Im Umgang miteinander hilft auch immer das Bild vom Wetteifern um das Gute und der Auseinandersetzung miteinander auf die beste Art und Weise. Im Koran dazu:

„Einem jeden von euch (Juden, Christen, Muslimen …) haben wir eine Norm und einen Weg bestimmt. Und hätte Gott es gewollt, er hätte euch zu einer einzigen Gemeinschaft gemacht. Aber Er wollte euch auf die Probe stellen durch das, was Er euch gegeben hat. Wetteifert daher miteinander in guten Werken! Zu Gott werdet ihr alle zurückkehren. Der wird euch dann kundgeben, worüber ihr uneins seid."   *Sure 5, 48*

131

In diesem Sinne bitten wir Gott,
den Allgütigen und Barmherzigen,
uns Einsicht zu schenken und
uns auf dem Weg des Friedens miteinander zu bestärken.
Amin, El Fatiha

Christlicher Beitrag   Dorothea Prahl
Gebet für den Frieden der Religionen
O Gott, du bist die Quelle von Leben und Frieden. Deine Macht
verändert Herzen; Muslime, Christen und Juden erinnern sich –
und bestätigen es, dass sie Anhänger des Einen Gottes sind, Kinder
Abrahams, Brüder und Schwestern, Feinde beginnen miteinander
zu sprechen; die sich fremd waren, reichen sich die Hände in
Freundschaft; Nationen suchen gemeinsam nach dem Weg des
Friedens. Stärke unseren Willen, in unserem Leben diese Wahrheiten zu bezeugen!

Bitte gib uns:
Verständnis, das den Streit einmal beendet,
Gnade, die den Hass einmal erstickt,
und Vergebung, die Rache einmal überwindet.
Für all die unschuldigen Opfer von Terror und Gewalt,
für ihre Familien, ihre Freunde, für sie beten wir zu dir:
Stärke ihre Hoffnung, lass sie wissen und fühlen,
dass sie nicht ewig getrennt bleiben,
dass es Liebe und Leben geben wird, und dass da Menschen sind,
überall auf der Welt und jeden Glaubens,
die mit ihnen fühlen, mit ihnen weinen!
Vor dir stehend, teilen wir nun miteinander
einen Moment der Stille.
Nach: Gymnasiale Oberstufe Marianum, Fulda. Aus: M. C.
Leitschuh: Worte für den Frieden, Butzon & Bercker, 2003, S.
21

Lied: **Freunde, daß der Mandelzweig** (s.o., S.45) EG 655
Georg Ammon

Bahá'i - Beitrag   Sigrid Barz
Es ist in dieser Zeit eines Menschen Pflicht, sich fest an das zu hal-

ten, was das Wohl aller Völker und gerechten Regierungen fördert und ihre Stufe erhöht. Durch jeden einzelnen Vers, den die Feder des Höchsten offenbarte, sind die Tore der Liebe und Einigkeit erschlossen, und weit vor den Augen der Menschheit aufgetan. Wir haben zuvor erklärt – und unser Wort ist die Wahrheit –
verkehret mit den Anhängern aller Religionen
im Geiste des Wohlwollens und der Brüderlichkeit.
Was immer die Menschenkinder einander meiden ließ, was Zwietracht und Spaltung unter ihnen hervorrief, ist nun durch die Offenbarung dieser Worte ungültig und abgeschafft. Aus dem Himmel des göttlichen Willens wurde mit dem Ziel, die Welt des Seins zu veredeln und die Menschen an Geist und Seele emporzuheben, herabgesandt, was das wirksamste Mittel zur Erziehung des ganzen Menschengeschlechtes ist. Der tiefste Sinn und der vollkommenste Ausdruck dessen, was die Völker früherer Zeiten gesagt und geschrieben haben, ist durch diese mächtigste Offenbarung aus dem Himmel des Willens des Allbesitzenden, des immerwährenden Gottes herabgesandt.

Einst wurde offenbart, die Liebe zum Vaterland ist ein Bestandteil des Gottesglaubens. Die Zunge der Größe jedoch verkündet am Tage seiner Offenbarung:
Es rühme sich nicht, wer sein Vaterland liebt, sondern wer die ganze Welt liebt. Durch die von diesem erhabenen Wort entfesselte Kraft verleiht Er den Vögeln der Menschenherzen frischen Schwung, weist ihnen eine neue Richtung und tilgt jede Spur von Begrenzung aus Gottes heiligem Buch.

Aus: „Das Sendschreiben über die Welt", aus Botschaften aus Akka von Baha'u'llah, Baha'i-Verlag, 1982, S. 107

Buddhistischer Beitrag　　　　　　　　　　Elisabeth Bucher

Wenn wir in der Buddha-Lehre eine Antwort darauf suchen, warum wir Menschen uns selbst und anderen immer wieder Leid zufügen, finden wir die Erklärung, dass alle Menschen mit den
„Drei Wurzeln des Unheilsamen" belastet sind:
nämlich mit Gier, mit Hass und mit Verblendung.

Diese drei sind als Kategorien zu verstehen und es heißt, dass sie unser Herz und unseren Geist trüben. Sie sind in jedem unheilsamen Denken, Sprechen und Handeln zu finden.

Der Weg aus dem Leiden besteht aus der Läuterung dieser Geistestrübungen und ihm liegt das Leben von ethischem Verhalten zu Grunde. (Nicht töten, nicht stehlen, nicht die Unwahrheit sprechen, Übelwollen und Habgier vermeiden). Weiter gehören zu diesem Übungsweg die Entfaltung von Herz und Geist durch Achtsamkeit und Meditation und von Weisheit.

Der Buddha erklärt in einem Gleichnis, wie Hass auf jeden Fall demjenigen Schmerzen bereitet, der hasst: Es ist, wie wenn man mit glühenden Kohlen nach jemanden wirft: Auf jeden Fall verbrennt man seine eigene Hand!

Er empfiehlt auch die Gedanken und Gefühle immer wieder der Güte und dem Wohlwollen zuzuwenden, damit es immer leichter fällt, die Hass-Gedanken aufzugeben. Jeder Mensch, selbst der größte Verbrecher, hat die Möglichkeit, aus der Gewaltspirale auszusteigen und den Weg zur vollkommenen Befreiung zu gehen.

In der Theravada-Tradition wird empfohlen, die folgenden guten Wünsche sich selbst und anderen zu schenken:

Möge ich frei sein von Feindseligkeiten.
Möge ich keinem Lebewesen Leid zufügen.
Möge ich frei sein von körperlichen und geistigen Schwierigkeiten.
Möge ich fähig sein, mein Glück zu beschützen.
Mögen alle Menschen frei sein von Feindseligkeiten.
Mögen alle Menschen einander kein Leid zufügen.
Mögen alle Menschen frei sein von körperlichen und geistigen Schwierigkeiten.
Mögen alle Menschen fähig sein, ihr Glück zu beschützen.

Hinduistischer Beitrag   Yoganathan Putra

Möge der,   welcher „unser Vater" für die Christen ist,
               Jehova für die Juden, Allah für die Muselmanen,
               Ahura Mazda für die Zarathustrier,
               Aarhat für die Dschainas,
               Buddha für die Buddhisten, Brahma für die Hindus,

möge dieses allmächtige und allwissende Wesen,
das wir alle als Gott anerkennen,
den Menschen den Frieden geben,
und unsere Herzen in einer geistigen Bruderschaft vereinen.

Nicht eine Einheitsreligion ist vonnöten, sondern gegenseitige Achtung und Toleranz der Gläubigen unterschiedlicher Religionen.

Was wir erstreben, ist nicht öde Gleichschaltung, sondern Einheit in Verschiedenheit.

Ehrfurcht vor anderen Glaubensbekenntnissen muß uns nicht blind machen für ihre Irrtümer.

Auch vor den Mängeln unseres eigenen Glaubens müssen wir uns in acht nehmen,
und doch dürfen wir ihm deswegen nicht den Rücken kehren,
sondern müssen sie zu überwinden suchen.

Toleranz ist nicht Gleichgültigkeit gegen den eigenen Glauben, sondern tieferes Verständnis für ihn.

Segen   Ulrich Börngen

Gesegnet sollen sein

Gesegnet sollen sein:
im Namen des Friedens, der aus Gott ist,
die Völker aller Rassen, die Menschen aller Länder.
Gesegnet sollen sein:
Himmel und Erde, Wolf und Lamm, Falke und Taube,
die ganze Schöpfung.
Gesegnet sollen sein:
Freund und Feind, damit sie Brüder und Schwestern werden.
Gesegnet sollen sein:
Schwarze und Weiße, Menschen aus Ost und West,
aus dem reichen Norden und dem armen Süden,
damit sie Frieden und Freundschaft schließen ein für allemal.
Gesegnet sollen sein:
Juden und Christen, Muslime und Hindus,
Bahá'i und Buddhisten, Atheisten und Heiden,
damit sie eins werden in Gott.

Gesegnet sollen sein:
die Unwissenden und die Weisen
und alle, die Gott über sich anerkennen.
Gott segne alle, und sie sollen Segen sein für die Welt und
für die Menschen unserer Erde.
Der Friede Gottes sei mit uns allen.
Nach: Roland Breitenbach, modifiziert. Aus: M. C. Leitschuh:
Worte für den Frieden, Butzon & Bercker, 2003, S. 86

Lied: **Die Nacht ist vorgedrungen**   EG 16   Georg Ammon
Die Nacht ist vorgedrungen, der Tag ist nicht mehr fern.
So sei nun Lob gesungen, dem hellen Morgenstern!
Auch wer zur Nacht geweinet, der stimme froh mit ein.
Der Morgenstern bescheinet auch deine Angst und Pein.

Im Zusammenhang mit dem Thema dieser Gebetsstunde wurde
folgende **Unterstützungs-Erklärung** formuliert:

Stuttgart, im April 2004
An alle Mitbürger und Mitbürgerinnen und interessierte Institutionen, denen die derzeitige Situation und der Frieden im Heiligen
Land und im Nahen Osten im Herzen brennt:
In Kenntnis der „**Alexandria-Erklärung**" vom 21. Januar 2002
danke ich allen Unterzeichnern für ihr mutiges Wort und für ihr
gemeinsames Eintreten für einen Frieden im Heiligen Land und im
Nahen Osten in einer Zeit auch uns tief bedrückender weltweit be-
drohlicher Eskalation.
Mit meiner Unterschrift solidarisiere ich mich mit Geist und Wort
der Erklärung. Ich will mich für die Verwirklichung und für die
Verbreitung der Alexandria-Erklärung einsetzen und auch für die
Bekanntmachung analoger vorbildlicher Beispiele interreligiöser
Zusammenarbeit.
Der Segen des allmächtigen, gnädigen und mitfühlenden Gottes
sei mit Ihnen und bei Ihren Bemühungen in der Umsetzung der
Empfehlungen der Alexandria-Erklärung und bei uns allen.

11. 2005: Wie gehen Religionen mit Natur und Naturkatastrophen um?

Per PC-Präsentation: *Naturaufnahmen: Blumen*

1. Begrüßung   Ulrich Börngen
   Ali Okumus, Vorstandsmitglied,
   Sprecher, Feuerbacher Moschee

   Naturaufnahmen: Wasser

Beiträge von

2. **Bahá'i-Religion** Sigrid Barz
3. **Buddhismus** Martina Künstner

   Naturaufnahmen: Weiter Himmel

4. **Christentum**   Dorothea Prahl
5. **Hinduismus**   Yoganathan Putra, Stuttgart/Sri Lanka
   Spenden für Sri Lanka   Ulrich Börngen

   Naturaufnahmen: Bergblumen

6. **Islam**   Cäcilia und Ali Demir
7. **Judentum**   Jan Jakubowski

   Naturaufnahmen: Berge

8. **Quäker**   Julian Clarke

9. **Abendgebet der Sioux**   Ulrich Börngen   und Dank
   Naturaufnahmen: Abendstimmung

Die Kollekte ist bestimmt für die Feuerbacher Moschee und für unsere interreligiöse Gruppe. Sie ergab 130 €.

1. Wir beginnen im Namen Allah's (Bismillah = mit/in Gottes Namen), also – mir evangelisch ganz geläufig – im Namen Gottes, des Erbarmers, des Barmherzigen. Den kaligraphischen Schriftzug und den nachfolgenden Text habe ich aus einem kleinen, lesenswerten Büchlein von und über Said Nursi entnommen.

„'Bismillah', das ist der Anbeginn alles Guten. Im Anbeginn steht auch für uns dieses Wort und so beginnen wir mit ihm. Wisse, oh du meine Seele! So wie dieses gesegnete Wort ein Zeichen des Islam ist (ich möchte hinzufügen, aller zumindest monotheistischen Religionen), so ist es unausgesprochen auch ein immerwährendes Gebet der gesamten Schöpfung."

Damit sind wir mitten in unserem heutigen Thema: „Immerwährendes Gebet der gesamten Schöpfung" – das sind wir alle – jeder auf seine Weise – vielleicht mit Absicht und durch Gottes Ratschluß, damit wir alle untereinander Toleranz und Liebe lernen und üben.

Wir beginnen auch „Im Namen des allmächtigen, gnädigen und mitfühlenden Gottes", denn das haben führende Vertreter jüdischer, christlicher und islamischer Religion im Nahen Osten in dieser historischen Alexandria-Erklärung vom Januar 2002 für den Frieden im Nahen Osten gemeinsam unterschrieben.

Sehr geehrte Damen und Herren und liebe Kinder,
im Namen unserer interreligiösen Gemeinschaft begrüße ich Sie alle ganz herzlich zu unserer Gebetsstunde der Religionen für den Frieden.

Ganz besonders herzlich begrüße ich den Imam dieser Feuerbacher Moschee hier, Herrn Necati Topaloglu, und den Sprecher und Vorstandsmitglied, Herrn Ali Okumus. Ich bin tief beeindruckt und bedanke mich ganz besonders für das bemerkenswert gute Vorgespräch, das wir vor Tagen führen konnten, und daß wir mit Vertretern von sechs Weltreligionen vor allen Dingen in einer Moschee – praktisch erstmals – jetzt so große Gastfreundschaft und Entgegenkommen erfahren dürfen. Dies ist nicht selbstverständlich. Dieses Zusammenkommen hier ist mir ein enormes Zeichen von Dialogbereitschaft und Gewaltlosigkeit.

Wir dürfen, Männer, Frauen und Kinder, gemeinsam herkommen, bequeme Stühle benützen, den Rücken der Gebetsnische = Mekka zuwenden, traditionsgemäß Kerzen anzünden, Naturaufnahmen und Texte projizieren und sogar singen – alles selbstverständlich in großer Würde und nicht als Schau.

Mein großer Dank gilt auch Herrn Ali Demir, der Jahrzehnte bei uns mitarbeitet und alles erst ermöglicht hat.

Ich bitte Sie, lieber Herr Okumus, Ihr vereinbartes Grußwort zu sprechen. Danke = Teschek kür.

Ich darf noch auf einige Punkte und Anliegen eingehen:

Liturgisch wollen wir versuchen, mit Naturaufnahmen aus sechs verschiedenen Bereichen alles zu umrahmen. Wir wollen damit auf die Einmaligkeit und Herrlichkeit der Schöpfung Gottes hinweisen.

Im Mittelteil werden wir kurz auf unsere erfolgreiche Tsunami-Hilfsaktion für Sri Lanka eingehen.

Wir haben den heutigen christlichen Buß- und Bettag mit besonderem Grund gewählt. Es ist höchste Zeit, daß die große Mehrheit der Christen – vielleicht auch große Teile anderer Religionen – innehält und ihr unfriedliches und über Jahrhunderte zerstörerisches Verhalten gegenüber der Natur erkennt und abbaut – bewahren statt „macht sie (die Erde) euch untertan und herrschet".

Ich sehe unsere Gebetsstunde auch im Zusammenhang mit der sog. Ökumenischen Dekade „Gewalt überwinden", zu der der Ökumenische Rat der Kirchen in Genf für 2001 – 2010 aufgerufen hat. Hier gibt es gerade in diesen Wochen schwerpunktmäßig zentrale Veranstaltungen. Konkret hat bemerkenswerterweise die Württembergische Evangelische Landessynode schon März 2001 eine Entschließung verfaßt. In ihr heißt es u.a.:

„Wir danken allen … Gruppen und Einzelnen, die sich die Überwindung von Gewalt in ganz unterschiedlichen Bereichen zur Aufgabe gemacht haben: … allen, die Widerstand leisten gegen die fortschreitende Zerstörung der Schöpfung."

Schließlich möchte ich noch darauf hinweisen, daß der Landesbischof der Evangelischen Landeskirche in Württemberg, Frank Otfried July, schon im Juni uns geschrieben und formuliert hat:

„Wir wünschen Ihnen für die Vorbereitung und Durchführung der Gebetsstunde der Religionen für den Frieden gutes Gelingen und Gottes Segen."

Dabei teilte Bischof July mit, daß er aus zeitlichen Gründen nicht an unserer Gebetsstunde teilnehmen könne.

2. Bahá'i-Religion: Die Einheit der Schöpfung

Gott hat den Menschen edel und erhaben erschaffen. Er hat ihn zu einem beherrschenden Faktor in der Schöpfung gemacht. Mit den höchsten Segnungen hat Er den Menschen ausgezeichnet, indem Er ihm Verstand, Wahrnehmung, Gedächtnis, Begriffsvermögen und Sinneskraft verlieh. Diese Gaben hat Gott dem Menschen geschenkt, um ihn zur Offenbarung göttlicher Tugenden, zu einem strahlenden Licht in der Welt der Schöpfung, einer Quelle des Lebens und zur eigentlichen Kraft schöpferischen Aufbaus in den unendlichen Gefilden des Daseins zu machen. Sollen wir nunmehr dieses große Bauwerk und seine feste Grundlage zerstören? Sollen wir den Tempel Gottes, den Gesellschaftskörper, das Gemeinwesen niederreißen? Wenn wir keine Gefangenen der Natur sind, wenn wir die Kraft besitzen, uns selbst zu beherrschen, sollen wir dann zu Sklaven der Natur werden und ihre Notwendigkeiten beugen?

Die Einheit der Schöpfung – Ansprache 'Abdull Bahas in der Stanford University, Palo Alto/Kalifornien am 8. Oktober 1912

Jedes Ding muss zwangsläufig einen Ursprung haben, jedes Bauwerk seinen Baumeister. Wahrlich, das Wort Gottes ist die Ursache, die der Welt des Seins vorangeht – einer Welt, die mit dem Strahlenglanz des Altehrwürdigen der Tage geschmückt ist, aber zu allen Zeiten erneuert wird und neu ersteht. Unermesslich erhaben ist der Gott der Weisheit, der dieses erhabene Gefüge errichtet hat.

Betrachte die Welt und denke eine Weile darüber nach. Sie entschleiert das Buch ihres eigenen Selbstes vor deinen Augen und offenbart, was die Feder deines Herrn, des Gestalters, des Allwissenden hineingeschrieben hat. Sie will dich mit allem vertraut machen, was in ihr und auf ihr ist, und die klaren Darlegungen geben, um

dich von noch so beredten Auslegern unabhängig zu machen.
Lawh-l-Hikmat: Das Tablet der Weisheit von Baha`u'llah, Abschnitt 12 u. 13

3. Buddhismus: „Mögen sie alle glücklich sein"
Das Lotos-Sutra lehrt weiterhin:
„Alle Lebewesen, zu denen auch der Mensch zählt, und alle unbelebten Dinge sind Ausdruck der kosmischen Weltseele. Daher sind sie alle in ihrer existenziellen Bedeutung gleichwertig." Aufgrund dieser Weltanschauung kann aus dem Sutra folgendes Grundprinzip für die richtige Lebensweise abgeleitet werden:
„Der höchste Glückszustand des Menschen ist dann erreicht, wenn die große Harmonie aller Dinge in der Welt erreicht ist, indem es durch gegenseitigen Respekt, gegenseitige Sympathie und gegenseitige Freundschaft der Lebensessenz, die jegliche Existenzform und so auch den Menschen umfaßt, zu einer gemeinsamen Existenz und gemeinsamen Entwicklung kommt."
Die Menschheit hat bisher nach der Maxime gehandelt, daß die nichtmenschlichen Lebewesen und die unbelebten Dinge ausschließlich zu ihrem Nutzen bestimmt sind. So sind sie in absoluter Willkür benutzt, verbraucht, zerstört und verunreinigt worden. Falls dieses Fehlverhalten nicht umgehend aufgegeben wird, sind auch die Menschen zum Untergang verurteilt. Das Lotos-Sutra gibt daher starke Impulse zum Erwachen und ist darüber hinaus auch ein Leitfaden für eine zukunftsweisende neue Lebensweise.
Nikkyo Niwano, Japan, Präsident der buddhistischen Laienbewegung Rissho Kosei-kai. Aus: Das Dreifache Lotos Sutra, Octopus Wien 1989, S. 9

Was es auch an lebenden Wesen gibt:
Ob stark oder schwach, ob groß oder klein,
ob sichtbar oder unsichtbar, fern oder nah,
ob einer Geburt zustrebend,
mögen sie alle glücklich sein.
Aus: Metta-Sutta (Lehrrede der liebenden Güte), Sutta-Nipata 143-152

4. Christentum :   Ein Glaubensbekenntnis

Wir glauben an Gott, der die Welt erschaffen hat,
und jeden Augenblick in ihr wirkt,
der die Erde als kostbaren Lebensraum
für Pflanzen, Tiere und Menschen gemacht hat,
der uns Menschen als Mann und Frau
in gleicher, unantastbarer und unverlierbarer Würde
nach seinem Bilde geschaffen
und zur Freiheit bestimmt hat,
damit wir als Empfangende dankbar vor Gott leben,
in seinem Auftrag die Erde nachhaltig bewirtschaften
und sie bewahren für die Generationen nach uns.

Wir glauben an Gott, dem allein die Erde gehört
und alles, was auf ihr lebt,
der in seiner Güte und Fürsorge alles bedacht hat,
was wir Menschen brauchen für ein Leben
im Zeichen des Genug zwischen Armut und Überfluß,
der will, daß wir die Güter der Erde nicht vermarkten,
ihre Ressourcen als seine Gaben
dankbar und schonend gebrauchen,
die menschliche Arbeit und ihre Erträge teilen,
unsere Mitgeschöpfe achten
und in Gerechtigkeit und Frieden miteinander leben. …

Jochen Vollmer: Wir glauben an den Gott des Friedens.
Bausteine zu einem Katechismus. Gekürzt. Aus: Oekumenischer
Informationsdienst. Aktuelles Thema 16, 2005, S. 16

5. Hinduismus: Die Beziehung von Mensch und Natur

Der Mensch unterscheidet sich nicht von der Natur; er ist Teil
der Natur. Die Existenz des menschlichen Wesens auf der Erde hängt von der Natur ab. In Wahrheit sind nicht wir es, die
die Natur beschützen – es ist die Natur, die uns beschützt.
Während der Intellekt des Menschen und seine wissenschaftli-
chen Kenntnisse wachsen, sollte er die Gefühle des Herzens

142

nicht vergessen, die es ihm möglich machen, in Eintracht mit der Natur und ihren Gesetzen zu leben.

Es trifft zu, dass durch erhöhte landwirtschaftliche Produktion Armut und Hunger in gewissem Maße abgebaut worden sind. Der Mensch sollte darüber aber nicht die schädliche Wirkung von Kunstdünger und Pestiziden vergessen, die durch die Nahrung in seinen Körper kommen. Die Wissenschaft hat Unvorstellbares erreicht, aber die Selbstsucht des Menschen trübt seinen Blick dafür, mit Einsicht zu handeln.

Es ist höchste Zeit, uns mehr dem Naturschutz zuzuwenden. Zerstörung der Natur und Zerstörung des Menschen ist das Gleiche. Bäume, Tiere, Vögel, Pflanzen, Wälder, Berge, Seen und Flüsse – alles, was in der Natur vorhanden ist, braucht die Güte, die mitfühlende Sorge und den Schutz des Menschen. Wenn wir sie beschützen, werden auch sie uns schützen.

Die Religion und der Glaube geben uns die Möglichkeit, Ehrfurcht und Hingabe zu entwickeln, die sowohl der Menschheit als auch der Natur zugute kommen. Tiefes religiöses Verständnis vermag den Menschen das Wissen um die Einheit der ganzen Schöpfung und die Liebe zur Natur zu lehren. Die Liebe, von der die Religion spricht, sie entspringt dem Herzen. Keine Religion vermag ohne Einklang mit der Natur zu bestehen. Die Religion ist das Band, das die Menschheit mit der Natur verbindet. Die Religion ermöglicht dem Menschen, seine Einheit mit der Natur zu erkennen und zu erfahren.

Wenn wir unser Leben nach religiösen Prinzipien führen, beginnen wir, alle Wesen als Offenbarungen Gottes zu lieben. Religion vereint die innere Natur des Menschen mit der äußeren Natur der Welt. *Aus: Amma-Bewegung*

Oh Gott, laß den Himmel genug regnen,
damit alle Pflanzen genug Wasser haben können.
Oh Gott, laß der nötigen Dinge genug sein,
damit alle Lebewesen ohne Sorge leben können.

Oh Gott, laß die Regierenden menschlich regieren,
damit alle Menschen gleichwertig sein können.
Oh Gott, laß die Welt ein religiöses Leben führen,
damit die Weltbevölkerung Erlösung bekommen kann.
Prophetenwort aus der Frühzeit des Hinduismus, modifiziert Y.
Putra

Spenden für Sri Lanka: An dieser Stelle erlauben Sie mir einige Ausführungen zu unserer **Tsunami-Hilfsaktion**:
Letztlich ausgehend von dieser unmittelbaren Betroffenheit über die bei uns seit Jahren mitarbeitenden Hindufamilien haben wir schon ab Dezember 2004 eine Unterstützungsaktion für Sri Lanka gestartet. Dabei haben wir bis jetzt um die 900 € gesammelt. Ein großer Restteil des Geldes geht jetzt an einen katholischen Priester in Trincomalee. Dort wollen wir u.a. (diese) 3 Vollwaisen unterstützen. Dies ist unsere ganz praktische Hilfe für Sri Lanka. Wer sich näher informieren und alles auch noch unterstützen will, für den liegt am Ausgang noch ein weißes Blatt mit ausführlicheren Angaben aus.

6. Islam: „Gottvertrauen sei dein Schutz"

Die Interpretation und der Umgang mit Unglück und Katastrophen haben einen religiös-kulturellen Charakter. Warum? Weshalb? – Kein Mensch, ob gläubig oder nicht, der sich nicht nach verheerenden Katastrophen Fragen stellt. Falsche Handlungsweisen und die Vermeidbarkeit werden analysiert. Dann aber fängt man an, nach den metaphysischen Gründen zu fragen und letztendlich steht unweigerlich die Frage nach Gott und seiner Motivation. Gläubige Menschen fragen immer: „Lieber Gott, womit habe ich das verdient?", da schließlich alles von Ihm kommt. Wir denken, alles Gute käme von Gott, aber das Schlechte sind die Verdienste der Menschen. Z.B.: Verantwortungsloser Umgang mit der uns von Gott anvertrauten Natur kommt auf uns zurück.

Sure 30,36: „Und wenn Wir die Menschen Barmherzigkeit kosten lassen, freuen sie sich ihrer; doch wenn sie ein Übel befällt um dessentwillen, was ihre eigenen Hände vorausgesandt, siehe, dann verzweifeln sie."

Die Deutungshoheit der Katastrophen liegt nicht bei uns. Es ist darum eine gründliche Abwägung angebracht, bevor wir an Gottes Barmherzigkeit und Allmacht zweifeln. Der Urgrund für alles Sein ist die Liebe, die Barmherzigkeit und das Allerbarmen Gottes. Sie sind Urheber für Bestand und Zusammenhalt im Universum. Die Welt ist ein Ort der Prüfung und Bewährung. Wir sind nur Gast auf Erden. Wir haben hier nur einen kurzen Aufenthalt, jedoch mit der Möglichkeit, einen unermeßlichen Reichtum für die Ewigkeit zu erwerben durch verantwortungsvolles, mitmenschliches Handeln. Gott ruft uns durch das Leiden auf, uns zu ändern, den falschen Weg zu verlassen, uns weiter und höher zu entwickeln. Das Leid ist Mittel zum Heil.

Trost und Ansprache an unser Selbst und Ego:
Lass, du Ärmster, deine Klagen, Gottvertrauen sei dein Schutz. Klage führt nur zu neuem Leid. Leid, das ist dein Grabgesang. Finde den Weg zum Ursprung des Leides, so wird dein Leid zur Freude. Aber wenn du Ihn nicht findest, gleicht die Welt einem ewig grausamen Bild. Du, der du am Leid der Welt leidest, warum klagst du über Schmerz? Nimm Zuflucht bei Gott. Lache dem Leid ins Gesicht. Das Leid wird auch lächeln und lächelnd vergehen.

Said Nursi

„Sprich: O ihr Menschen, die ihr euch gegen euch selbst vergangen habt, verzweifelt nicht an Gottes Barmherzigkeit, denn Gott vergibt alle Sünden. Er ist der Allverzeihende, der Barmherzige."

Sure 39,53

Sie sagen, wenn ein Übel sie trifft: „Von Gott kommen wir, und zu Ihm kehren wir wieder zurück."   *Sure 2, 156*

In diesem Sinne bitten wir dich, den Barmherzigen.
Öffne unseren Geist und unser Herz,
dass wir stets unser Möglichstes tun,
und schenke uns aus deiner Fülle Geduld und Kraft.
Amin, El Fatiha (Die Eröffnende)

Der Imam der Feuerbacher Moschee, Herr Necati Topaloglu, singt die Eröffnungssure und spricht ein Grußwort.

7. Judentum: Bal Taschchit: Die Verantwortlichkeit für den Naturschutz

Jüdisch sein bedeutet, Verantwortlichkeit zu empfinden für die Natur und sie zu schützen.

In der Stunde, in der der Heilige – Gepriesen sei er! – den ersten Menschen erschuf, nahm er ihn, ließ ihn an allen Bäumen des Garten Edens vorbei gehen und sprach zu ihm: „Sieh meine Werke! Wie lieblich und lobenswert sie sind! Und alles habe ich deinetwegen gemacht. Präge dir dies ein, damit du meine Welt nicht beschädigst und zerstörst, denn wenn du sie beschädigst, gibt es keinen, der sie nach dir wieder herstellen könnte."

Midrasch Kohelet Rabba, 7,13

Die Pflanzen sind dem Menschen zur Nahrung gegeben worden, daher darf der Mensch sie nicht unnötig beschädigen. In einem Krieg zum Beispiel dürfen die Fruchtbäume nicht zerstört werden (Dtn 20,19). Heutzutage kann man sagen: Der Mensch ist für die Natur verantwortlich nicht nur aufgrund ihres Nutzens für ihn selbst, sondern auch um ihrer selbst willen.
Annette M. Böckler: 14 Thesen zur Verantwortlichkeit im Judentum. Verantwortung: ich, du, wir. Themenheft 2004, Gesellschaft für Christlich- Jüdische Zusammenarbeit, Deutscher Koordinierungsrat, S. 31

Psalm 96, 1-5

Singet dem Ewigen ein neues Lied, singet dem Ewigen alle Lande. Singet dem Ewigen, preiset seinen Namen, verkündet von Tag zu Tag seine Hilfe. Erzählet unter den Völkern seine Herrlichkeit, unter allen Nationen seine Wunder. Denn groß ist der Ewige und sehr gepriesen, furchtbar ist er über alle Götter: Denn all die Götter der Völker sind Nichtiges, aber der Ewige hat den Himmel gemacht.

Psalm 148

Hallelujah. Lobet den Ewigen aus dem Himmel, lobet ihn in den Höhen. Lobet ihn, ihr alle seine Engel, lobet ihn, ihr alle seine Scharen. Lobet ihn, Sonne und Mond, lobet ihn, all ihr Sterne des Lichts. Lobet Ihn, Himmel der Himmel, und die Wasser, die über den Himmeln. Sie sollen loben des Ewigen Namen; denn er gebot, sie wurden geschaffen. Und er stellte sie hin für beständig, ewiglich; ein Gesetz gab er und wandelt es nicht. Lobet den Ewigen von der Erde, ihr Ungetiere und alle Tiefen. Feuer und Hagel, Schnee und Nebel, Sturmwind, der sein Wort vollstreckt. Berge und alle Hügel, Fruchtbäume und alle Zedern. Gewild und alles Vieh, Gewürm und jeder beschwingte Vogel. Erdenkönige und alle Nationen. Fürsten und alle Erdenrichter. Jünglinge samt Jungfrauen, Greise samt Jungen! Sie sollen loben des Ewigen Namen, denn erhaben ist sein Name allein, seine Majestät ist über Himmel und Erde. Und er erhöht das Horn seines Volkes, Ruhm all seinen Frommen, den Kindern Jisrael, dem ihm nahen Volke. Halleluja.

8. Quäker („Religiöse Gesellschaft der Freunde"):

Gemeinsame Bitte um Frieden Gottes und Göttliche Liebe

(25) Und es werden Zeichen geschehen an Sonne und Mond und Sternen; und auf Erden wird den Leuten bange sein, und sie werden zagen, und das Meer und die Wasserwogen werden brausen, (26) und die Menschen werden verschmachten vor Furcht und vor Warten der Dinge, die kommen sollen auf Erden; denn auch der Himmel Kräfte werden sich bewegen.

(33) Himmel und Erde werden vergehen; aber meine Worte vergehen nicht.

Lukas 21, 25, 26 und 33 (nach Martin Luther)

Wir bitten zusammen um den Frieden Gottes:

Er bietet uns Seinen Frieden an; mögen wir Erdenmenschen die Kraft und das Vertrauen finden, seinen Frieden anzunehmen. Der Frieden Gottes ist nicht wie ein von Menschenhand geschaffener Frieden, denn das Reich Gottes ist nicht von dieser Welt. In der Welt haben wir oft Angst und Not: Angst vor Menschengewalt, vor Naturgewalt, vor der Gewalt des Todes. In Gott ist die Überwindung der Angst.

Mögen wir durch Dich, Göttliche Liebe, die Angst überwinden; mögen wir den Mut haben, die Botschaft Deines Friedens in die Welt zu tragen, dass nicht des Menschen Wille sondern Dein Wille geschehe.

9. Die Sioux beteten am Abend:

Gott, du bist mein Vater, du bist meine Mutter.
Jetzt werde ich schlafen unter deinen Füßen, unter deinen Händen,
du Herr der Berge und Täler,
du Herr der Bäume und aller Schlinggewächse.
Morgen ist wieder ein Tag. Morgen kommt wieder das
Sonnenlicht.
Ich weiß nicht, was dann sein wird.
Meine Mutter und mein Vater wissen es auch nicht.
Nur du, Gott, siehst mich.
Du hütest mich auf jedem Weg, in jeder Dunkelheit, vor jedem
Hindernis,
du mein Herr, du Herr der Berge und Täler.
Du weißt, was ich heute gesagt habe, ob es gut war oder böse,
ob es zuwenig war oder zu viel.
Du aber vergibst mir alle meine Verfehlungen.
Jörg Zink: Kostbare Erde. Biblische Reden über unseren Umgang mit der Schöpfung. Kreuz (1981) 1992, S. 170

Am Ende unserer Gebetsstunde danken wir zuerst dem allmächtigen Gott, der uns alle hier geführt hat, und Ihnen allen, die Sie gekommen sind, insbesondere auch den vielen Kindern, und besonders den aktiven Teilnehmern.

Wir tun dies mit einem kleinen Andenken – aus Glas – aus unserer Mutter Erde und symbolisch ein Stern vom Himmel, für uns Christen zugleich mit einem gewissen adventlichen Hintergrund.

Gern kommen wir der Bitte von Herrn Jakubowski nach, der den Psalm 133,1 mit uns zusammen singen will.

12. 2006: *Zentrale Gebete der Religionen und ihre Weitergabe an die Jugend*

Religionen auf dem Weg zum Frieden

DEKT, Stuttgart 1999

Gebetsstunde der Religionen für den Frieden
Hindus, Buddhisten, Juden, Christen, Muslime, Bahá'i

IGF Stuttgart
Interreligiöse Gemeinschaft für Frieden

Mittwoch, 8. November 2006, 19.00 Uhr
Leonhardskirche, Stuttgart

Orgeleinleitung — Günther Maysenhölder Organist, Leonhardskirche

1. Begrüßung — Ulrich Börngen
Christoph Hildebrand-Eias
Pfarrer, Leonhardskirche

2. Abrahamisches Gebet — Kinga v. Gyökössy-Rudersdorf

149

3. Lied: Gott gab uns Atem, damit wir leben

Beiträge von

4. **Hinduismus**   Yoganathan Putra
5. **Buddhismus**   Hedwig Lauckner

   Orgelbeitrag   Günther Maysenhölder
6. **Judentum**   Jan Jakubowski
7. **Christentum**   Ulrich Börngen

8. Lied: Viele kleine Leute

9. **Islam**   Yakup Özkaya
10. **Bahá'i-Religion** Sigrid Barz

11. **Afrikanisches Gebet 2004**
    und Dank   Ulrich Börngen

    Orgelausklang   Günther Maysenhölder

Die Kollekte ist bestimmt für die ambulante ‚Zentrale Beratungsstelle junge Erwachsene' innerhalb der EVA, Stuttgart, in der z.B. 2005 500 Frauen und Männer zwischen 18-25 Jahren beraten und betreut wurden. Es handelt sich alles um Wohnsitzlose und um 20% ausländische Mitbürger und Mitbürgerinnen. Die Kollekte ergab: 119 €.

1. **Begrüßung durch IGF Stuttgart:**
Im Namen von IGF Stuttgart darf ich Sie alle ganz herzlich zu unserer diesjährigen Gebetsstunde der Religionen für den Frieden begrüßen. ... Mit Freude und Dank erinnern wir uns an unsere letzte Gebetsstunde hier in der gastlichen Leonhardskirche, 2003.

Zwischenzeitlich waren wir in der Hospitalkirche und stark beeindruckend letztes Jahr in der Feuerbacher Moschee. Wer sich etwas wundert, IGF heißt Interreligiöse Gemeinschaft für Frieden, wozu wir uns auch aus grundsätzlichen Erwägungen heraus gezwungen sahen, uns namentlich und inhaltlich Anfang dieses Jahres zu verändern und zu entwickeln – also, als nur dem Gewissen verantwortliche Laiengruppe, weg von WCRP.

Wir wollen mehr die dringend notwendige „Gemeinschaft" und Zusammenarbeit der Religionen unterstreichen. Dies steht im Gegensatz zur WCRP-Tendenz und auch teilweise Kirchentendenz einer zunehmenden und hervorgehobenen Unverbindlichkeit und geradezu Distanzierung in den letzten Jahren, z.B. nur „Gebete aus den Religionen" (Ulm 2004) und dem „Beten in der Gegenwart des Anderen" (ÖKT 2003). Dies hatte z.B. Landesrabbiner Dr. h.c. Henry G. Brandt 2003 als „ein Zerrbild Gottes" gegenüber kritisiert.

Dem stellen wir primär gegenüber das gemeinsame Hintreten vor den **„unerforschlichen"** Gott (Römer 11, 33). Unsere jüdischen Schwestern und Brüder bezeichnen Ihn als den **„Einzigen, Ewigen und Unseren König"**. Im Rahmen der trialogisch bedeutsamen Alexandria-Erklärung vom Januar 2002 beten ihn gemeinsam führende jüdische, christliche und muslimische Oberhäupter aus dem Nahen Osten an als **„allmächtigen, gnädigen und mitfühlenden Gott"**. Diesen „einigen Gott" können und sollten auch wir alle uns mehr zu eigen machen. Da ist relativ (!) zweitrangig, welche individuellen und unterschiedlichen Gottesvorstellungen verschiedene Religionen und übriges auch jeden Sonntag in der Kirche die Teilnehmer verschiedener christlicher Gruppen und Konfessionen haben. Also, Einheit in Vielgestaltigkeit und unter Wahrung einer sich entwickelnden Identität und Tradition.

In diesem Sinn haben wir mit Bedacht auch das abrahamische Gebet von Hans Küng und das afrikanische Gebet am Schluß ausgewählt.

So wünschen wir uns Gottes reichen Segen auch für diese Veranstaltung.

2. „Im Interesse der abrahamischen Ökumene"

– ein von Hans Küng, Tübingen, entworfenes Gebet:

„Verborgener, ewiger, unermeßlicher, erbarmungsreicher Gott,
außer dem es keinen anderen Gott gibt.
Groß bist Du und allen Lobes würdig.
Deine Kraft und Gnade erhält das All!
Du Gott der Treue ohne Falsch, gerecht und wahrhaftig,
hast den Abraham, Deinen Dir ergebenen Diener,
zum Vater vieler Völker erwählt
und hast gesprochen durch die Propheten.
Dein Name sei geheiligt und gepriesen in aller Welt,
und Dein Wille geschehe, wo immer Menschen leben.
Lebendiger und gütiger Gott, erhöre unser Gebet:
Groß geworden ist unsere Schuld.
Vergib uns Kindern Abrahams unsere Kriege,
unsere Feindschaften, unsere Missetaten gegeneinander.
Erlöse uns aus aller Not und schenke uns den Frieden.
Segne Du, Lenker unseres Geschicks,
die Leiter und Führer der Staaten,
daß sie nicht gieren nach Macht und Ehre,
sondern handeln in Verantwortung für das Wohlergehen
und den Frieden der Menschen.
Führe Du unsere Religionsgemeinschaften und ihre Vorsteher,
damit sie die Botschaft vom Frieden nicht nur verkünden,
sondern auch selber leben.
Uns allen aber, und auch denen, die nicht zu uns gehören,
schenke Deine Gnade, Barmherzigkeit und alles Gute
und führe uns Du, Gott der Lebendigen,
auf dem rechten Weg in Deine ewige Herrlichkeit."

Aus: Karl-Josef Kuschel: Streit um Abraham, Piper 1994, S. 303-304

3. Lied: **Gott gab uns Atem, damit wir leben**   *EG 432*

Gott gab uns Atem, damit wir leben, er gab uns Augen, daß wir uns sehn. /: Gott hat uns diese Erde gegeben, daß wir auf ihr die Zeit bestehn.:/

Gott gab uns Ohren, damit wir hören. Er gab uns Worte, daß wir verstehen. /: Gott will nicht diese Erde zerstören. Er schuf sie gut, er schuf sie schön.:/
Gott gab uns Hände, damit wir handeln. Er gab uns Füße, daß wir fest stehen. /: Gott will mit uns die Erde verwandeln. Wir können neu ins Leben gehen.:/

4. Weitergabe des Glaubens an die Jugend bei den Hindus

Von einem Wassertropfen, der auf glühendes Eisen fällt,
ist keine Spur mehr zu erkennen.
Derselbe Wassertropfen glänzt in der Perlengestalt,
wenn er sich auf dem Blatt einer Lotospflanze befindet.
Zu einer echten Perle wird er, wenn er in eine Meeresmuschel gerät.
So ist es auch mit niedrigen, mittelmäßigen und hohen Eigenschaften:
sie pflegen aus der Berührung mit anderen hervorzugehen.
Das Vorbild der Eltern ist deshalb für Hindus sehr wichtig.
Sie vermitteln ihren Kindern durch ihr eigenes,
von der Religion bestimmtes Alltagsleben,
viele Berührungen mit dem Glauben und Gott.
Sie geben ihren Glauben weiter,
indem sie ihn ihren Kindern intensiv und überzeugend vorleben.
Wesentlicher Bestandteil ist dabei die Toleranz
gegenüber anderen Menschen und Religionen.

Dazu ein Gebet von Vivekananda (1862-1902),
einem Apostel des modernen Hinduismus:

Möge der,
welcher „unser Vater" für die Christen ist,
Jehova für die Juden, Allah für die Muslime,
Ahura Mazda für die Zarathustrier, Aarhat für die Dschainas,
Buddha für die Buddhisten, Brahma für die Hindus,
möge dieses allmächtige und allwissende Wesen,
das wir alle als Gott anerkennen,

den Menschen den Frieden geben,
und unsere Herzen in einer geistigen Bruderschaft vereinen.

5. Aus der frühbuddhistischen Versammlung Dhammapada

83.　Übel tun meiden. Das Heilsame fördern. Seinen
　　　Geist reinigen.
　　　Das ist die Lehre der Buddhas.

13.　Wie der Regen strömend einbricht in das Haus,
　　　das schlecht bedacht ist,
　　　dringt das Heer der Leidenschaften in den Geist,
　　　der schlecht bewacht ist.

14.　Wie der Regen nimmer einbricht in das Haus,
　　　das wohl bedacht ist,
　　　dringt kein Heer der Leidenschaften in den Geist,
　　　der wohl bewacht ist.

129.　Vor Schlägen haben alle Angst
　　　und alle fürchten sich vorm Tod.
　　　Vergleich dich drum mit anderen
　　　und schlage nicht und töte nicht.

201.　Sieg erzeugt Hass, der Besiegte lebt im Elend.
　　　Der Stillgewordene lebt im Glück,
　　　der Sieg und Niederlage aufgegeben.

5.　Durch Hass kann niemals Hass zur Ruhe kom-
　　　men,
　　　Durch Nichthass kommt der Hass zur Ruh.
　　　Das ist ein ewiges Gesetz.

6.　Sch'ma Israel　　5. Mose 6, 4-9

Höre, Israel, der Ewige, unser Gott, der Ewige ist einer.
Und du sollst lieben den Ewigen, deinen Gott,
mit deinem ganzen Herzen und mit deiner ganzen Seele
und mit aller deiner Kraft.
Und es sollen sein alle diese Worte,

die ich dir heute gebiete, in deinem Herzen.

Und du sollst sie einschärfen deinen Kindern,
und du sollst über sie reden, wenn du sitzest in deinem Hause,
und wenn du gehst auf dem Wege,
und wenn du dich niederlegst und wenn du aufstehst.
Und du sollst sie binden zum Zeichen auf deine Hand,
und sie sollen Stirnbänder sein zwischen deinen Augen.
Und du sollst sie schreiben auf die Pfosten deines Hauses
und an deine Tore.

ANATEVKA Sabbat-Gebet Gebet für die Kinder (gesungen)
Schenke euch der Herr seine Güte
Schütze euch der Herr stets vor Schmach
Er verlässt euch nie und gibt euch euer täglich Brot

Wende euch der Herr Stolz in Demut
Nehme von euch der Herr Not und Leid
Beschenke sie, oh Herr, in aller Deiner Herrlichkeit

Gottes Segen sei immer mit euch
Und erhör unser Gebet und lenke sie
Lass sie gut sein, einen Schwiegersohn für jede eine,
Dass er sie ernähren kann

Schenke euch, der Herr, seine Güte
Hüte euch der Herr vor Gefahr
Schenke ihnen Glück und lenke ihr Geschick
Erhör unser Gebet, Amen

7. Aktuelle Gedanken über das ‚Vater unser'
Dein Wille geschehe: „Dienet einander", 1. Petr 4,1, „Es ist
dies der Entwurf für eine freundschaftsgetönte, geschwister-
liche Menschheit, ... nicht als Lexikonwissen, sondern als
Herzensbildung"... „Zu Haushaltern der vielerlei Gnaden
Gottes sind wir bestimmt ... den gemeinsamen Haushalt Got-

tes vor Augen. Griechisch: ‚oikos menos' – das gemeinsame Haus; Ökumene – gemeinsame Weltfamilie."
Aus: Traugott Giesen: Vater unser in Ewigkeit. Radius, 1993, S. 82

Wie „der Begründer des Christentum uns beten lehrt … räumt er all das, was überkommen ist, beiseite, stellt sich hin und erklärt: Beten bedeutet vor Gott hintreten. Nichts bleibt da von dem, was sonst in ehrwürdigen Traditionen und Kommentaren beschworen und gesagt wurde."
Das „Gebet des Herrn … (kann) man nicht ‚auslegen' … nur mitvollziehen, nur mitmeditieren": „Unser Vater, himmlisches Du … Du machst diese flüchtige Welt zu unserer Heimat, Du schenkst uns Kindern des Exils eine Stätte der Zuflucht. Zu Dir blicken wir auf, denn in Dir gewinnen wir Richtung und Weite … Du Träger aller Namen und Begriffe, Du Einheit aller Worte und Gedanken. Du schweigender Redender, himmlischer Vater Du, mach uns zu Deinen Kindern."
Aus: Eugen Drewermann: Das Vater unser. Kösel, 1993, S. 11-27

„Wenn ich sage: ‚Unser Vater', tue ich mich zusammen mit allen Zeitgenossen, auch denen, die keine Christen sind und keine Angehörigen meiner Familie und meines Landes … deren Würde ich respektiere, deren Freiheit ich schütze".
„Wir sind angelegt auf ein Bündnis mit allen, die glauben … die suchen, die leiden, die schuldig sind und die der Schwestern und Brüder bedürfen, wo immer auf der Welt sie anzutreffen sind."
„Könnten Moslems und Christen heute gemeinsam sagen: Gott unser Vater, Allah unser Vater, so wäre die schreckliche Vereinfachung nicht möglich, daß Moslems heute ‚im Namen Gottes' gegen die Ungläubigen, das heißt die Christen, zum Mittel des Terrors greifen oder Christen umgekehrt zum Mittel der Ausbeutung. Nein, es ist heute dringend an der Zeit,

daß wir zwischen Kirchen, Staaten und Religionen lernen zu sagen: ‚Unser Vater'! Unser Gott, wie immer wir ihn denken, wie immer wir gelernt haben, ihn zu verstehen. Das Mindeste an Gemeinsamkeit zwischen den Religionen wäre also die Gemeinsamkeit des Gottes."

Aus: Jörg Zink: Das Vaterunser – Das Gebet, in dem alles gesagt ist. Kreuz, 2005, S. 28 -29 und S. 30

So wie wir viele der hier vorgetragenen Gebete im Geist ohne Probleme mitsprechen und mitmeditieren konnten, glaube ich, und wie ich uns seit vielen Jahren kenne, kann ich auch dieses zentrale Gebet der Christenheit, in dem in der Tat „alles gesagt ist", uns allen hier vorgeben, auf daß es dereinst im Kanon der Weltgebete seinen Platz finde:

Unser Vater in dem Himmel!
Dein Name werde geheiligt. Dein Reich komme.
Dein Wille geschehe auf Erden wie im Himmel.
Unser täglich Brot gib uns heute.
Und vergib uns unsere Schulden,
wie wir unseren Schuldigern vergeben.
Und führe uns nicht in Versuchung,
sondern erlöse uns von dem Übel.
Denn dein ist das Reich und die Kraft und die Herrlichkeit
in Ewigkeit. Amen.
Martin Luther: Stuttgarter Jubiläumsbibel. Stuttgart 1938
nach Matthäus 6, 9-13

8. Viele kleine Leute an vielen kleinen Orten *EG 662*
Viele kleine Leute an vielen kleinen Orten,
die viele kleine Schritte tun,
können das Gesicht der Welt verändern,
können nur zusammen das Leben bestehen.
Gottes Segen soll sie begleiten, wenn sie ihre Wege gehen.

9. Die erste Sure im Koran: Sure Al-Fatiha und ihre Weitergabe an die Jugend

Im Namen des Allgütigen und Barmherzigen Gottes.
Dank und Verehrung dem Herrn der Welten.
Dem Erbarmer, der alles mit seiner Barmherzigkeit umfasst,
dem Statthalter des Tages der Abrechnung.
Dir sind wir ergeben.
Dich bitten wir um Hilfe in allen Dingen.
Leite uns auf den rechten Weg, den Weg derer,
die Deine unendliche Güte erfahren haben, nicht den Weg derer,
die Deine Missgunst erregen und irregegangen sind.   Amin
(Arabische Rezitation ...)

Die Sure Al Fatiha ist ein Index für den gesamten Inhalt und sämtliche Themen des Korans und sie umfaßt alles. So verweist sie auf die vier Hauptthemen des Korans:
(1) den Glauben an den einen Gott,
(2) den Glauben an das Jenseits, die Auferstehung und den Jüngsten Tag,
(3) den Glauben, daß Gott Menschen als Gottgesandte beauftragt hat, die den Menschen den rechten Weg zeigen und
(4) das Gebet (Tbada).
Mit eingeschlossen sind die Prinzipien der Gerechtigkeit und Barmherzigkeit für die Menschen. Alles ist nach Islam ein Gebet, wenn ich es um Gottes Willen tue und die Prinzipien der Gerechtigkeit und Barmherzigkeit beachte.

Das Vordringlichste, Allerwichtigste, die alles entscheidende Grundlage im Islam ist der Glaube an den einen Gott. Der Urzweck des Daseins nach Islam ist die Erkenntnis und Anerkennung Gottes und eine daraus resultierende Dankbarkeit gegen Gott. Die Konsequenz der Anerkennung und der Dankbarkeit liegt im Respekt v o r dem Gebot, Gutes zu tun, sich vor Schlechtem und Bosheiten zurückzuhalten, also rechtschaffen zu sein. Dabei bildet die Liebe zum Mitmenschen die Grundlage der wahrhaften Dankbarkeit zu Gott.

Der Koran verkündet uns: Die an Gott glauben ... werden nicht traurig sein (z.B. Sure, 2,62). Glaube ist nicht nur der Schlüssel zum Glück für das Jenseits, sondern auch für das Diesseits. „Ja dem, der Gott nicht kennt, hängt eine Welt voller Leid über seinem Haupt. Die Welt derjenigen, die Gott erkennen, ist voll des seelischen Glücks und Lichts. Je nach Stärke ihres Glaubensgrades spüren und fühlen sie es."

Said Nursi, 1876 - 1960

Zur Weitergabe und Vermittlung an die Jugend:
Früher war die Nachahmung in der Religiosität groß. Heute ist Religion und Glaube nicht selbstverständlich. Man muss begründen und die Dinge rational darlegen. Wir sollten in Begriffen gemäß dem Verständnis und Bedürfnis des heutigen Menschen und der Jugend sprechen und uns bemühen, von einem nachahmenden oder vordergründigen Glauben zum bewußten Glauben zu kommen.

Bei der Wahrheit des Glaubens (iman hakikatlari) dreht sich alles um folgendes: die Stärkung des Glaubens des Einzelnen, die Gottfindung und das Überwinden des eigenen Ichs. Wir dürfen uns nicht von der Welt vereinnahmen lassen, sondern sollen uns daran orientieren, daß alle Handlungen im Bewusstsein geschehen sollen, daß alles einen Ewigkeitswert hat und ich eine große Verantwortung trage.

Es resultieren vier Tugenden und Eigenschaften, die es gilt, angefangen bei sich selbst, dann bei unserer Jugend, zu entwickeln: Glaube und Liebe, Verläßlichkeit und Anstrengen für das Gute (iman, muhabbet. sadakathamiyet).

In diesem Sinne bitten wir:
Möge uns Gott, der Allmächtige und Barmherzige beistehen,
unserer Jugend Orientierung und Werte zu geben.

10. Über die Macht des Gebetes in der Bahá'i-Religion

Singe die Verse Gottes, o Mein Diener, die du empfangen hast,

wie jene sie singen, die Ihm nahe sind,
damit die Süsse deiner Weise deine eigene Seele entflamme
und die Herzen aller Menschen anziehe.
Wer zurückgezogen in seiner Kammer
die von Gott geoffenbarten Verse spricht, wird erfahren,
wie die Engel des Allmächtigen den Duft der Worte,
die sein Mund ausspricht, überallhin verbreiten
und das Herz jedes rechtschaffenen Menschen höher schlagen lassen.
Mag er sich auch zunächst dieser Wirkung
nicht bewusst werden, muss die Kraft der ihm gewährten Gnade
früher oder später ihren Einfluss auf seine Seele üben.
So sind die Geheimnisse der Offenbarung Gottes
durch den Willen Dessen, der Urquell aller Macht und Weisheit ist,
verfügt worden.

Aus: Über die Macht des Gebetes, Bahá'i-Verlag 1981

Gebet für die Menschheit

O Du mitleidvoller Herr, der Du großmütig und hilfsbereit bist!
Wir sind Deine Diener und suchen Schutz in Deiner Vorsehung.
Gieße Deine Gunst über uns aus, verleihe unseren Augen Licht,
unseren Ohren Hörvermögen,
und senke Liebe und Verständnis in unsere Herzen.
Laß uns freudig und glücklich werden
durch Deine Frohen Botschaften.
O Herr! Zeige uns den Pfad zu Deinem Reich
und belebe uns mit dem Hauch des Heiligen Geistes.
Schenke uns ewiges Leben
und verleihe uns immerwährende Ehre.
Einige die Menschheit und erleuchte den Menschengeist.
Laß uns alle Deinen Weg beschreiten,
nach Deinem Wohlgefallen trachten
und die Geheimnisse Deines Reiches suchen.
O Gott!
Einige uns und verknüpfe unsere Herzen
mit Deinen unzertrennlichen Banden.

Du bist wahrlich der Geber, Du bist der Gütige
und Du bist der Allmächtige!
`Abdu'l-Bahá Aus: Bahá'i Prayers No. 31, Wilmette 1957

11. Partnerschaft ohne Schranken

„Und ich habe auch andere Schafe", sagt der Meister der Meister.
Wer sind diese Schafe?
Muslime und Buddhisten, Hinduisten und Taoisten,
Juden und Anhänger der traditionellen afrikanischen Religionen.
„In der Herde müssen sie sein", fügt der Herr der Herren hinzu!
...
Kündigt an ohne Angst,
kündigt an die Überwindung der Partnerschaftsschranken;
kündigt an eine neue Partnerschaftsära
zwischen Christen und Nichtchristen,
zwischen Katholiken und Protestanten,
zwischen einander widersprechenden Sekten,
zwischen den vorherrschenden Kirchen; ...
Gottes weibliche und männliche Kinder!
Kündigt echte Partnerschaft an, zwischen Frauen und Männern,
zwischen Süden und Norden,
zwischen denen, die haben und denen, die nichts haben,
zwischen Jungen und Alten, zwischen Weißen und Schwarzen,
zwischen den Geistlichen und den Laien.
Denn Gottes eigene Ära der Partnerschaft
ist wirklich angebrochen
mit Strahlen von vereinender Liebe,
die über den ganzen Globus strahlt.

Himmlischer Vater, Schöpfer des Kilimandscharos,
der Alpen und des Everest;
Kontrolleur der Erdbeben, Fluten und der Gewitter,
verleihe der Menschheit schrankenfreie Partnerschaft,
so daß deine Kinder überall in der Welt

eins sein mögen im Herzen,
eins in der Bestimmung.
Und respektiert einander für immer und immer!
*Nach: Godson S. Manga, Moshi (Tansania) Aus: Mission, Nr. 3,
Dez. 2004, S. 4-5 , gekürzt, Zeitschrift des Berliner Missions-
werks*

Angeforderter Text und **Pressemitteilung** vom 29.9.2006:
Mit Freude und Dankbarkeit blicken wir auf den November
2003 zurück. Damals konnten wir das erstemal in der Leonhardskirche Gast sein. Jetzt freuen wir uns und sagen insbesondere dem Kirchengemeinderat Dank, daß wir am 8. November 2006 unsere ‚Gebetsstunde der Religionen für den
Frieden' wieder in der Leonhardskirche abhalten können. Sie
wird inhaltlich unter unserem diesjährigen Jahresthema stehen: Zentrale Gebete der Religionen und ihre Weitergabe an
die Jugend. So haben wir uns bei unseren monatlichen Treffen
über das jüdische „Achtzehn-Bittengebet" („Schmone essre"),
über das „Vater unser", über die „Sure al Fatiha" („Eröffnende"), über die „zentrale Lehrrede" des Buddhismus, über die
hinduistische zentrale „Valipadu" und das „tägliche Pflicht-
gebet" der Bahá'i kundig machen können und intensiv gesprochen. Schon jetzt sind wir gespannt, wie unsere beteilig-
ten sechs Religionen dies alles inhaltlich mit Leben erfüllen
werden. Nicht zuletzt gilt unser Dank auch an Herrn Maysenhölder, der als Organist allem auf der Orgel einen festlichen
Rahmen geben wird.

Notiz im Leonhardsblatt, 11.2006: Mittwoch, 8. November,
19 Uhr: Gebetsstunde der Religionen für den Frieden.

Literaturübersicht:

1. Ariarajah, S. Wesley: Die Bibel und die Andersgläubigen. Lembeck 1994
2. Bahá'u'llah: Ährenlese: Auswahl aus den Schriften Bahá'u'lláhs, Hofheim-Langenhain, Bahá'i-Verlag 1980
3. Bahá'u'llah: „Das Sendschreiben über die Welt", aus Botschaften aus Akka von Bahá'u'llah, Bahá'i-Verlag, 1982, S. 107
4. Bahá'u'llah: Gebete, offenbart von Bahá'u'llah, Bab und ‚Abdu'l-Bahá, Hofheim-Langenhain, Bahá'i-Verlag 1996
5. Bibelübersetzungen:
   Luther, Martin: Stuttgarter Jubiläumsbibel. Stuttgart 1938
   Zink, Jörg: Das Neue Testament. Kreuz 1982 (1965)
6. Böckler, Annette M.: 14 Thesen zur Verantwortlichkeit im Judentum. Verantwortung: ich, du, wir. Themenheft 2004. Gesellschaft für Christlich-Jüdische Zusammenarbeit, Deutscher Koordinierungsrat, S. 31
7. Börngen, Ulrich: Umkehr zu neuem Denken und Handeln. Offene Kirche, Württemberg, Informationen, 2/1990, S. 16
8. Börngen, Ulrich: Konziliarer Prozeß – Christliche Ärztinnen und Ärzte unterwegs für Gerechtigkeit, Frieden und Bewahrung der Schöpfung. ÖK (Ökumenische Rundschau), Heft 3, 1993, S. 364
9. Börngen, Ulrich: Religionen gemeinsam auf dem Weg nach Graz 1997? Zum Arbeitsdokument Graz 1997 – 1. Entwurf. WCRP Informationen Nr. 46, 1997, S.14
10. Börngen, Ulrich: Religionen gemeinsam auf dem Weg nach Graz? Positive Modelle der Offenheit und Zusammenarbeit. WCRP Informationen Nr. 47, 1997, S. 14
11. Börngen, Ulrich: Die Ökumene der Weltreligionen. Praktizierte Offenheit und Zusammenarbeit in der WCRP. Pax Christi, Rundbrief Bistumsstelle Rottenburg-Stuttgart, Nr. 13 – 2/1997, S. 22
12. Börngen, Ulrich: Auf dem Weg zu einer Oekumene der Weltreligionen. Tausend Teilnehmer bei einer „Gebets-

stunde der Weltreligionen" in Stuttgart. Pro Ökumene Informationsdienst Nr. 4/1999, S.10

13. Börngen, Ulrich: Leserecho zu „Dogmenloses Christentum". Freies Christentum, Heft 5, 2000, S. 137

14. Börngen, Ulrich: „Leben statt viel haben" aus der Sicht verschiedener Religionen. WCRP Informationen Nr. 58, 2001, S. 18

15. Börngen, Ulrich: WCRP Stuttgart – auf dem Weg zu einer Ökumene der Weltreligionen. WCRP Informationen Nr. 66, 2003, S. 22

16. Börngen, Ulrich: Auf dem Weg zu einer Ökumene der Weltreligionen. WCRP Stuttgart 1993 bis 2003. Freies Christentum, Heft 1, Januar/Februar 2004, S.15

17. Börngen, Ulrich: Weltkonferenz der Religionen für den Frieden. FrRuNF, Heft 3, 2006, S. 234

18. Börngen, Ulrich: Trialogisch für den Frieden. evangelische aspekte, Heft 2, 15. Mai 2006, S. 63

19. Boff, Leonardo: Gott kommt früher als der Missionar – Neuevangelisierung für eine Kultur des Lebens und der Freiheit. Patmos 1992

20. Bonhoeffer, Dietrich: Nachfolge. Kaiser 1940 (1937)

21. Buber, Martin: Die Schrift. Verdeutscht … gemeinsam mit Franz Rosenzweig. Lambert Schneider 1997

22. Buber, Martin: Das dialogische Prinzip. Gütersloher Verlagshaus 2006

23. Das Dreifache Lotos Sutra. Octopus 1989

24. Demir-Schmitt, Cäcilia: Evidenz Magazin der Muslime in Baden-Württemberg. Hg.: Religionsgemeinschaft des Islam Landesverband Baden-Württemberg, Stuttgart 1996

25. Demir, Ali, Cäcilia Schmitt: Ein Islamdenker für unsere Zeit Bediuzzaman Said Nursi Islam und Aufklärung. Nesil Matbaakcilik, Istanbul 2004

26. Drewermann, Eugen: Das Vater unser. Kösel 1993, S. 11

27. Einiger, Christoph, Charles Waldemar: Die schönsten Gebete der Welt. Südwest 1964, S. 157

28. Evangelisches Gesangbuch, z.B. Ausgabe für die Evangelische Landeskirche Württemberg, Gesangbuchverlag, 1996 (Die Angabe einer Zahl bedeutet die Lied-Nummer, nicht die Seitenangabe)

29. Fiedrowicz, Michael: Apologie im frühen Christentum – Die Kontroverse um den christlichen Wahrheitsanspruch in den ersten Jahrhunderten. Schöningh, Paderborn 2000

30. Frenz, Helmut: Dein Haus ist meine Zuflucht. Publik Forum Buch, 1995

31. Giesen, Traugott: Vater unser in Ewigkeit Amen. Radius 1993, S. 82

32. Gruppe von Dombes: Für die Umkehr der Kirchen, Identität und Wandel im Vollzug der Kirchengemeinschaft. Lembeck/Knecht 1994 (1991)

33. Guardini, Romano: Predigten zum Kirchenjahr. St. Benno, Leipzig 1963, S. 232 ff

34. Hansen, Johannes: Nach dem Dunkel kommt ein neuer Morgen. Psalmmeditationen. Kawohl Wesel 1978

35. Heiler, Friedrich: Vom Werden der Ökumene. Beiheft Nr. 6 zur Ökumenischen Rundschau, Evang. Missionsverlag, Stuttgart 1967, S. 54 (S. 27 ff)

36. Heiler, Friedrich: Rundbriefe der Ostasien- und Indienreise. Tworuschka, Udo (Hg), Lembeck 2004

37. Hofmeister, Klaus, Lothar Bauerochse: Viele Stimmen – eine Sprache Beten in den Weltreligionen. Echter 2001

38. Jungclaussen, Emmanuel: Die größere Ökumene. Gespräch um Friedrich Heiler, Pustet, Regensburg 1970, S. 92 - 98

39. Kaden, Kathinka: „Höflicher Streit", in: OK Offene Kirche, Informationen Juni 1996, S. 20

40. Kirste, Reinhard, Michael Klöcker, Paul Schwarzenau, Udo Tworuschka (Hg.): Vision 2001 Die größere Ökumene. Böhlau 1999

41. Knitter, Paul F.: Horizonte der Befreiung. Auf dem Weg zu einer pluralistischen Theologie der Religionen. Lembeck/Bonifatius 1997

42. Koslowski, Peter, (Hg): Gottesbegriff, Weltursprung und Menschenbild in den Weltreligionen – Diskurs der Weltreligionen. Fink 2000

43. Küng, Hans, Karl-Josef Kuschel: Erklärung zum Weltethos. Die Deklaration des Parlamentes der Weltreligionen. Piper 1993

44. Kuschel, Karl-Josef: Streit um Abraham. Was Juden, Christen und Muslime trennt – und was sie eint. München 1994 (Serie Piper 2288)

45. Kuschel, Karl-Josef: Streit um Abraham. Piper 1994

46. Leitschuh, M. C.: Worte für den Frieden. Butzon & Bercker 2003, S. 21

47. Lutz-Bachmann, Matthias, Alexander Fidora (Hg): Juden, Christen und Muslime – Religionsdialoge im Mittelalter. Wissensch. Buchges. 2004

48. Manga, Godson S.: Partnerschaft ohne Schranken. Mission, Nr. 3, 2004, S.4 (Zeitschrift des Berliner Missionswerks)

49. Multhaupt, Herrmann: Möge der Wind immer in deinem Rücken sein. Bergmoser-Höller 1993

50. Nursi, Said: Kleine Worte – Qurankommentar – Von Bediuzzamann Said Nursi. Envar 1988

51. Peinen, Hedvig-Teresia von: Zeig mir den Weg, den ich gehen soll. Psalmen – Gebetbuch der großen Ökumene. Pustet 1981

52. Religionen, Religiosität und christlicher Glaube: eine Studie. Herausgegeben im Auftrag der Vereinigten Evangelisch-Lutherischen Kirche Deutschland (VELKD) und der Arnoldshainer Konferenz. Gütersloh 1991

53. Schalück, Hermann: Ökumenisches Friedensgebet 2003. Aus Pax Christi, Rundbrief der Bistumsstelle Rottenburg-Stuttgart., Nr. 29, 2003, S. 10.

54. Schmitt, Cäcilia: Der Mann der Epoche Bediuzzaman Said Nursi 1876-1960. In Schriftenreihe: Neuer Horizont, Nr. 2, Aspekte und Perspektiven für eine universale Ethik. Yeni Asya Nesriyat, Istanbul 1994

55. Schmitt, Cäcilia (Edition), Stuttgarter Stiftung für Wissenschaft und Religion (Hg): Islamische Theologie des 21. Jahrhunderts Der aufgeklärte Islam Aufkommen – Ideen – Niederschlag Das Paradigma des Said Nursi. Basis-Verlag Stuttgart 2007

56. Sölle, Dorothee: Mystik und Widerstand: Du stilles Geschrei. Hoffmann und Campe 1997

57. Stöhr, Martin: Abrahamische Ökumene – Leitbild für Theologie und Religionsunterricht? Saarbrücker Religionspädagogische Hefte 2, 2006

58. Sundermeier, Theo: Konvivenz als Grundstruktur ökumenischer Existenz heute. In: Ökumenische Existenz heute. Hg.: Huber, Wolfgang, Dietrich Ritschl, Theo Sundermeier, Kaiser 1986, S. 49

59. Tages-Wochenpresse: Kirche, 10.8.2003, S.1; Ev. Gemeindeblatt Württemberg, 28.10.2003, S. 2; Freiburger Rundbrief NF, 4/2004, S. 285; Stuttgarter Zeitung, 7.10.2006, S.7

59. Thich Nhat Hanh: Nenne mich bei meinem Nahmen. Theseus-Verlag

60. Vollmer, Jochen: Wir glauben an den Gott des Friedens. Bausteine zu einem Katechismus. Oekumenischer Informationsdienst. Aktuelles Thema 16, 2005, S. 16

61. Weth, Rudolf (Hsg.): Bekenntnis zu dem einen Gott? Neukirchener 2000

62. www.igfstuttgart.de

63. www.risalenurinstitut.de

64. Zager, Werner (Hg.): Ethik in den Weltreligionen: Judentum – Christentum – Islam. Neukirchener 2006

65. Zager, Werner: Jesus aus Nazareth – Lehrer und Prophet Auf dem Weg zu einer neuen liberalen Christologie. Neukirchener 2007

66. Zahrnt, Heinz: Aufklärung durch Religion Der dritte Weg. Piper 1980

67. Zahrnt, Heinz: Mutmaßungen über Gott. Piper 1994

68. Zink, Jörg: Kostbare Erde. Biblische Reden über unseren Umgang mit der Schöpfung. Kreuz 1992 (1981), S. 170

69. Zink, Jörg: Das Vaterunser – Das Gebet, in dem alles gesagt ist. Kreuz 2005, S. 28-29 und S. 30

Nachtrag:

70. Chung, Mee-Hyung: Das Schweigen brechen. Theologie aus der Perspektive von Frauen aus Ostasien. EMS-Dokumentation Nr. 1/2007, S. 9
71. Tutu, Desmond M.: In: Blackwell, Geof: du ich wir. Knesebeck, München 2007, S. 14

Epilog

Nachdem die historische Alexandria-Erklärung vom 21.1.2002 (siehe S. 125 ff und Lit. Nr. 18) als religiöse, christliche und kirchenkritische Vision und in ihrer gesellschaftlich-politischen Substanz bislang keinerlei Bedeutung erreicht hat, hat IGF Stuttgart 2006 in Fortschreibung dieses außergewöhnlichen Vorganges eine Charta des trialogischen Miteinander verfaßt. Diese Charta ist als Wegbereiter zu einer Ökumene der Weltreligionen gedacht, keinesfalls als Abgrenzung gegenüber anderen Religionen.

Das trialogische Miteinander der abrahamischen Religionen von Judentum, Christentum und Islam erweist sich heute als ganz zentrales weiterführendes Anliegen von Interreligiosität vor Ort und in aufgeschlossenen kirchlichen Kreisen, insbesondere als Fortentwicklung bisher gewachsener dialogischer Bemühungen, z.B. auch auf Deutschen Evangelischen Kirchentagen.

Die Charta lautet:

Charta des trialogischen Miteinander
Wir wollen einander mit Respekt und Offenheit begegnen.
Wir wollen Gemeinsamkeiten entdecken
und Unterschiede akzeptieren.
Wir wollen den Glauben der Anderen respektieren.
Wir wollen uns füreinander einsetzen.
Wir wollen spirituelles Leben gemeinsam feiern.

Wir Juden bitten Gott,
dass er uns durch die Hebräische Bibel und den Talmud zu Menschen mit Fähigkeit zu Gemeinsamkeit, mit Menschlichkeit nach den zehn Geboten und mit Zukunft macht.
Wir Christen bitten Gott,
dass er uns durch die Bibel in Nachfolge Jesu zu wahren Christen macht.
Wir Muslime bitten Gott,
dass er uns durch den Koran zu wahren Muslimen macht.

Wir erhoffen von Gott Führung und Geduld auf unserem gemeinsamen Weg zu einander und zu einer Einheit in Vielgestaltigkeit im Sinne einer ‚Ökumene der Weltreligionen'.
Gelobt sei Gott, der allmächtige, gnädige und mitfühlende Gott, der Ewige.

Selbstverpflichtung Die Unterzeichner haben einen Traum, daß nicht nur viele religiöse Menschen und viele geistige Führer aller drei Religionen diese Selbstverpflichtung unterschreiben, sondern auch versuchen, sie „in Gedanken, Wort und Handlung" vor Ort und weltweit mit Leben zu erfüllen.

Jan Jakubowski   Ulrich Börngen   Ali Demir
IGF Stuttgart, Stuttgart, Oktober 2006
(In Anlehnung an Müller, Burkhard: Das Wort zum Sonntag, ARD, 11.2.2006)

Erstunterzeichner:
Imam Bekir Alboga, Mannheim – Pfr. Hermann Benz, Stuttgart – Hiltrud Brookmann, Stuttgart – Martin Dolde, Stuttgart – Dr. Robert Fritz, Neckarsulm – Dr. Ahmed Ginaidi, Karlsruhe/Ägypten – Hans-Joachim Girock, Baden-Baden – Dr. Ursula Höfmann-Börngen, Stuttgart – Dr. Reinhard Höppner, Magdeburg – Rivka Hollaender, Emmendingen – Dr. Gerhard Kirste, Nachrodt – Karin Kirste, Nachrodt – Karin Klingbeil, Filderstadt – Gerlinde König-Saxena, Stuttgart – Peter Lange, Stuttgart – Dr. Gerhard Liedke, Heidelberg – Kirchenrat Hans-Joachim Mack, Karlsruhe – Prof. Gerhard Mittelstädt, Neckargemünd – Hubert Mohs, Stuttgart – Pfr. Burkhard Müller, Bonn – Prof. Dr. George Peter, Kochi, India – Traute Peters, Stuttgart – Studiendirektor Günther Prokopy, Karlsbad – Putra, Yoganathan, Stuttgart/Sri Lanka – Pfr. Karl Ritsert, Karlsruhe – Pfr. Dr. Andreas Rössler, Stuttgart – Lothar Tüttelmann, Stuttgart – Monique Tüttelmann, Stuttgart – Dr. Ellen Ueberschär, Fulda – Pfr. Wolfgang Wagner, Bad Boll – Pfrin. Dorothea Zager, Worms – Prof. Dr. Werner Zager, Worms – Pfr. Dr. Jörg Zink, Stuttgart u.a..
Stand: November 2007   (Weitere Solidarisierung ist erwünscht)